| 教育科学与实践创新丛书 |

教育管理案例研究
THE CASE STUDY ON EDUCATIONAL MANAGEMENT

童旭光 著

北京理工大学出版社
BEIJING INSTITUTE OF TECHNOLOGY PRESS

版权专有　侵权必究

图书在版编目（CIP）数据

教育管理案例研究/童旭光著.—北京：北京理工大学出版社，2018.11
ISBN 978-7-5682-2347-8

Ⅰ.①教…　Ⅱ.①童…　Ⅲ.①教育管理-案例-高等学校　Ⅳ.①G40-058

中国版本图书馆 CIP 数据核字（2018）第 262018 号

出版发行 / 北京理工大学出版社有限责任公司
社　　址 / 北京市海淀区中关村南大街 5 号
邮　　编 / 100081
电　　话 / (010)68914775(总编室)
　　　　　 (010)82562903(教材售后服务热线)
　　　　　 (010)68948351(其他图书服务热线)
网　　址 / http://www.bitpress.com.cn
经　　销 / 全国各地新华书店
印　　刷 / 三河市华骏印务包装有限公司
开　　本 / 710 毫米×1000 毫米　1/16
印　　张 / 8.5　　　　　　　　　　　　　　　责任编辑 / 刘永兵
字　　数 / 127 千字　　　　　　　　　　　　　文案编辑 / 刘永兵
版　　次 / 2018 年 11 月第 1 版　2018 年 11 月第 1 次印刷　责任校对 / 周瑞红
定　　价 / 30.00 元　　　　　　　　　　　　　责任印制 / 李志强

图书出现印装质量问题，请拨打售后服务热线，本社负责调换

前言 / PREFACE

　　教育管理案例分析是一门实践性较强的应用性学科,单纯的理论教学对于从未接触过教育管理实践的学生来讲显得过于抽象和疏远,而对于有一定实践经验的人来讲往往又觉得教育管理的理论虽然言之有理,但难以和管理实践挂钩。将先进的理论应用于管理实践需要一个较长期的过程。实践证明,采用案例教学会缩短这一过程,对于实现理论与实践的结合、培养学生分析问题和解决问题的能力具有重要作用,是培养应用型人才的一条有效途径。

　　案例是基于特定目的,对某项具体的、客观真实的、具有典型意义的社会事件所做出的客观而准确的记叙。它源于实践,又高于实践,是案例作者或使用者根据一定的研究或教学目的,对各种具有典型意义的专业实践经验进行加工整理后的产物。在对过去的经验进行分析与总结以获得知识的过程中,典型案例具有极为重要的作用。所谓"前事不忘,后事之师""前车之辙,后车之鉴",其中的"事""辙"应该就包含有典型事件的意思。正是通过对过去的经验事件予以适当加工,方才形成了军事、法学、政治、经济、社会管理,或者其他任何一个领域的经典案例。教育管理案则是发生于教育管理领域的典型案例。教育管理领域涵盖教育行政体制、行政组织,教育政策与法律,教育财政,教育计划,教育督导和学校管理等方方面面,为教育管理典型案例的产生提供了丰富的土壤,这方面国内外已进行了大量较为成熟的研究。

案例教学方法就是包括教师在内的各类培训者以教学案例为基础，在课堂中帮助培训对象达到特定教学目的的一整套教学方法与技巧。所谓教学案例就是具有明确的教学和培训目的描述特定领域所发生的真实事件和情境，或基于该事件和情景而创作的故事。一般认为，在大学中运用案例对学生进行职前培训，可能始于1870年左右的美国哈佛法学院。20世纪20年代，哈佛商学院倡导采取一种独特的案例式的教学方式，这些案例都是来自商业管理的真实情境或事件，此种方式有助于培养和发展学生主动参与课堂讨论，实施之后颇具成效。这种案例教学法到了80年代才受到师资培育的重视，尤其是1986年美国卡内基小组提出的《准备就绪的国家：21世纪的教师》的报告书中，特别推崇案例教学法在师资培育课程中的价值，将其视为一种相当有效的教学模式。

国内教育界在90年代以后，逐步开始探究案例教学法。经过数十年的研究探索与发展，当前国内教育管理案例的开发、教学、专著和研究项目进入蓬勃发展期。北京理工大学教育专业在开设《教育管理学》《教育管理案例分析》等课程的基础上，也开始投入教育管理领域的案例教学、案例编写、案例分析等研究热潮中，在多年的教育教学研究过程中，逐渐开发形成了一批教育管理典型案例，涉及高中初中等学校教育、教育与社会、课堂教学、教育心理等方方面面，具有较强的时代性、针对性和应用性。在此我们将其汇编成书，希望能对教育管理等相关领域的学生、教师和研究者提供帮助和参考。由于作者的能力、经验和时间的限制，本书必然会存在这样那样的缺陷或错误，希望各位专家、同人、教师和同学及时向我们反馈问题，并不吝提供宝贵建议。

作者

目录 CONTENTS

案例一 高校学生工作突发事件处理
　　——基于辅导员视域的案例分析 ………………………… 1
案例二 谁来保障弱势群体在"自主招生"中的
　　自主权？ ………………………………………………… 7
案例三 京城中小学再次涌动"改名潮" …………………………… 19
案例四 李老师的普通一天 ………………………………………… 24
案例五 "师二代"何去何从 ………………………………………… 33
案例六 为学生找到自信之泉 ……………………………………… 42
案例七 "作业神器"能帮到我吗？ ………………………………… 49
案例八 "有偿辅导"确"有偿" ……………………………………… 62
案例九 幼儿园小学化面面观 ……………………………………… 71
案例十 就近入学与择校的公平之争 ……………………………… 80
案例十一 开得太早的花儿
　　——记一个14岁的辍学男孩 …………………………… 86
案例十二 爱"偷"东西的女孩 ……………………………………… 98
案例十三 如此"减负" ……………………………………………… 103
案例十四 教师、学生，谁是弱势群体？ ………………………… 118

案例一 高校学生工作突发事件处理

——基于辅导员视域的案例分析[①]

高校内有这样一支队伍,他们是平凡而又特殊的教师,他们是开展大学生思想政治工作的骨干;就是这样一支队伍,他们承担着学生的评优评先、"奖助贷"、就业指导等系列繁杂工作,他们结合时代的需求,开微博、驻校园,时刻维护着校园的和谐和稳定。然而,随着高等教育的大众化进程,发生在学生个体中或者学生与社会之间的各种突发事件也越来越成为社会所讨论的热点。这些突发事件,无论是对学校还是对社会都有相当严重的影响。鉴于学生工作突发事件的复杂性、不易量化性和影响范围广等特点,对于预测、避免、控制以及解决突发事件各高校都下足了功夫。

案例源自 H 校某专职辅导员亲身经历,并筛选具有典型性、时代性强的材料展开分析。案例聚焦于突发事件发生后,辅导员针对事件性质所采取的系列对策和行动,内容丰富翔实、真实可靠。为保持案例的鲜活性,案例均以"辅导员"第一人称表述,学生的名字均使用化名。

[①] 陈健参与本案例编写。

【例1】每年的10月份，高校开展奖助贷系列工作。依照惯例，辅导员要逐一审核各项申报材料，当我看到2007级采矿2班张显明的贷款材料时，我的心里不由得一紧，他来自矿区，单亲家庭，在他读小学的时候，因家庭贫寒，母亲就离开了他们父子俩，至今没有取得联系。材料的字里行间流露出一个孩子失去母爱的痛楚，还有那份同龄人不该有的"成熟"。然而，在班级递交的助学金申请名单中，我没有找到他的名字，按照要求，他完全具备申请条件。就是怀着这样的疑惑，我找到了他，他的回答却完全出乎我的意料："老师，您的意思我都明白，但是读咱们这个专业的同学大部分都来自农村，我想把机会让给他们。"对于刚刚参加工作一年多的我来说，听到这样的话，我居然什么也没有说出来，只是微笑着一直看着他。因为我知道，只要我一张嘴，我的眼泪就有可能会流下来。当然，最后在经由评定小组商讨后，我们追加了一个名额给他。就这样，这个人我记住了，记住了他的心酸，也记住了他的坚强。

可如若还要有什么件事会发生在张贤明的身上，我想这是我们每一个人都不愿意看到的。那是2010年3月，张贤明找我来请假，带着哭腔说："老师，煤矿透水了，我爸还在工作面，我想回去看看。"我当即准假，并叮嘱到家一定给我打一个电话。他走的这一段时间，只要我在办公室我就打开电脑，一遍遍地刷新新闻网页；回家一进门，我就立刻把电视机切换到新闻频道，当听说Y院长要以专家组成员身份到现场组织救援时，我立刻跑到他的办公室汇报了情况。就这样，一天过去了，两天过去了，三天过去了，我没有接到张贤明报平安的短信，我也没有勇气去拨打他的电话。直到4月5日晚，我鼓足了勇气，拨通了他的电话，电话通了没人接，我的心已经提到了嗓子眼。过了一会，电话接通了，是他，在接通的瞬间，我就大声喊道："怎么样了？"电话那头没有声音，我怒喊道："你快说啊！"就这样，电话通着，我们什么也没有说，但彼此都知道对方在想什么。许久，他说："陈哥，你能接我回学校吗？"我放下电话，直奔火车站。

至亲的离去，彻底摧毁了张贤明同学最后一道心理防线，回到学校后，他开始吸烟、喝酒，我怕他出事，让他搬进了我的宿舍。有一天他对我说："陈老师，我以后再也不想回煤矿了。"是啊，那里的回忆除了痛苦，还是痛苦，换作谁都没有勇气回去。我心里这样想着，说道："没关系，慢慢来，到咱们学校招聘的单位很多，你选择的机会也很多。只是你的专业不是可惜了吗？"就这样，每天他都浅浅地向我倾诉几句心里话，我委婉地给他一些意见，他也明白我的意思。一个月后，张贤明搬回了自己的宿舍，听同学说，他没有再吸一支烟，也没有再喝一口酒。直到他毕业的那一年，张贤明走进我的办公室，笑着对我说："陈老师，我签了，山西晋煤。我想煤矿还是需要我们这样的人，有专业知识，还有安全意识，并且这也是您的意思吧？"

工作两年后，张贤明打来电话说，要资助两名贫困学生，人员由我来定，他负责按月支付生活费用。我肃然起敬，他还仅仅是一名普普通通的基层技术员。

【例2】当事人小欧，男，某高校2007级学生。该生学习成绩一般，为人处事乐观积极，爱好广泛，在校期间学习和生活都很正常，没有发现身体特异情况。2011年3月的一天晚上9点半，该生与一名同学小斌返回寝室，在上楼梯时突然晕倒，当时小斌还以为他走路不小心，便急忙上前搀扶，却看到他呼吸急促、脸色发青，便连忙喊"救命"，很多同学闻讯赶来。小斌同学急问："怎么办？"众人说打"120"。小斌立即拨打了"120"急救电话，并下楼等待救护车。在等待救护车的时候，小斌把电话打给了我，简要说明了情况。"110和120都要拨打"，在说话的同时我已经穿好了鞋子跑出了家门。挂了学生的电话后，我立即拨通了主管学生工作的书记的电话，汇报了情况。

在事发现场，"有的同学以为小欧中暑，采取了扇扇子、往脸上洒水、掐人中和抚摸额头等临时救治措施，甚至一些接受过人工急救专业训练的同学还尝试进行了人工呼吸。但是当时该生已经脸色发青发紫，翻白眼，小便失禁，完全没有意识。四五分钟后我赶到事发现场，是最先到现场的教师，当时我摸了一下小斌的脉搏，发现已经没有了跳动。在21点42分左右，三河市某医院救护车赶到所在学生公寓，医务人员先采取急救措施（三四分钟），然后将该生紧急送往医院抢救，医院急诊室记录病人到院时间是21点51分。学院书记与学工处长在接到情况报告后以最快速度于22点赶到医院急诊室，在了解情况后，向学校领导作了报告，同时也立即与学生家长取得了联系。医院经过两个小时的全力抢救，于23点58分宣布该生因心源性猝死抢救无效死亡，医疗急救措施待亲属到来同意后撤除。

事发后，校党委副书记接到报告也迅速赶到医院，对事件进行了初步了解和应急部署。在医院现场，由学生干部、辅导员、学院党政领导、学生工作处处长、主管校长以及财务处等相关处室领导组成的突发事件处理小组火速成立起来。校党委副书记对我做了三点部署，一是继续与该生家长保持联系；二是了解拟来校亲属人数，提前预订宾馆房间做好相关接待等善后处理准备工作；三是展开对事件的详细调查工作，向学校作出书面汇报；四是做好现场同学、公寓同学和班级同学的情绪稳定工作，必要时安排他们接受心理辅导。

该生亲属接到学院通知后，其舅舅连夜乘出租车从山东烟台出发接上该生的父亲、大姐三人于早晨6点左右赶到三河市燕郊镇，我和学生管理科科长在高速公路出口将他们接至医院，同时积极主动地配合家长通过医生、警察、学生、教师等不同途径仔细了解事件经过，细心做好亲属安抚工作。等亲属情绪稳定以后，积极主动与他们进行沟通协商善后处理事宜。其亲属同意在北京火化后，我当即联系了殡仪馆，当天和当事人家属回寝室收拾当事人遗物。辅导员与班主任全程陪同当事人亲属到宾馆休息，并征求其意见与要求，主动安排善后事宜并承担相关费用，提供力所能及的帮助。学院经过和当事人亲属的有效协商，次日凌晨5点左右，叫殡仪馆人员将学生遗体从医院接走，下午1:30左右在北京市通州殡仪馆举行了遗体告别仪式，校学生处领导、学院部分教师、学生会代表、当事人班级同学及好友参加了遗体告别仪式。遗体告别仪式结束后于下午3点左右派车送当事人亲属返回老家，并由学生处领导、学院领导和辅导员出面，将学校提供的人道救济金交到当事人亲属手中。学校积极主动和负责任的行动给当事人亲属留下了良好的印象，得到了他们的认可和理解。这次学生死亡的突发事件在37个小时内就顺利妥善地处理完毕。

案例分析

突发事件的妥善顺利处理，得益于学校健全的规章制度以及平时扎实有效的校园安全稳定工作，更加得益于学院师生的协同努力。在突发事件处理中有很多宝贵经验值得总结。

完善的预警机制是做好突发事件应急处理的前提保障。在以上突发事件中，依据事件的性质，对应《学生伤亡、失踪等突发事件应急预案》《学生心理障碍应急预案》的等级采取了针对性措施。尤其是在例2中，现场同学临危不乱拨打急救电话并逐级电话汇报，使医院救护车及时赶到；学院领导及时与家长取得联系并保持密切沟通，做好相关学生的情绪稳定工作，妥善处理善后事宜，这些都体现了"统一领导，分级负责""反应快速，措施果断"和"控制事态，防止激化"等突发事件应急处理的基本原则和要求。

反应迅速并合理部署，是做好突发事件应急处理的有效保障。在例2中，事发之后同学及时呼救和汇报，10分钟左右医院救护车赶到现场将当事人送到医院，学院领导及时通知其亲属，尊重亲属意愿组织了遗体告别仪式，并送回亲属，整个事件的妥善处理只用了37个小时。在这一过程中，有关人员的及时到位，涉事学生、辅导员、学院领导和校领导在第一时间的迅速反应，保证了事件在每一环节的妥善处置。

辅导员代表校方与当事人亲属的有效沟通是处理好突发事件的关键。协助当事人亲属及时、详细地了解事件的原因和经过，进行及时有效的沟通可以消除当事人亲属心中的疑惑，争取他们的理解和配合。例2中从事发后告知其亲属，并与之保持密切联系，到安排他们的食宿与办理当事人后事，辅导员充当了当事人亲属与学校之间的沟通桥梁，为事件的妥善处理提供了条件。

思考题

1. 如果您是例1中的那个辅导员，相信您会有更好的办法去抚慰学生，请谈谈您在例1中得到了哪些启示。

2. 春天是一年中的第一个季节，是万物复苏的季节。然而，也同样是在这个季节，2015年春季北京市有五所知名高校发生了大学生自杀事件，其中一所高校居然在短短的半年内，在同一地点发生了两起此类事件。自杀的念头是否也会选择在春季滋生在那极少部分人的心里，又是哪一部分人的内心会给该念头的滋生提供土壤？

推荐阅读

[1] http://www.ao.fudan.edu.cn/contentViewCtrl.do?contentID=ff808081423b1abb0142c17ee296002e

[2] 刘伟.高校应急管理能力研究[D].徐州:中国矿业大学,2009.

[3] 徐鹏彬.关于高校学生干部角色转化的思考[J].学理论,2010(25).

[4] 王民忠,石新明.高校突发事件应急机制初探[J].思想教育研究,2005(6).

案例二　谁来保障弱势群体在"自主招生"中的自主权？[①]

2003年1月10日，教育部下发《关于做好2003年普通高等学校招生工作的通知》，指出要进一步深化高校招生制度改革，积极稳妥、规范有序地开展高等学校自主选拔录取改革试点工作。同年2月24日，教育部办公厅下发《关于做好高等学校自主选拔录取改革试点工作的通知》，就自主选拔录取试点的招生计划、招生程序和首批试点学校等具体内容做了详细阐述。2004—2015年自主选拔录取（又称自主招生）试点范围逐步扩大，如图2-1所示。

2015年的90所自主选拔录取改革试点的高校中，北京市20所、江苏省11所、上海市9所、湖北省7所、陕西省7所、四川省5所、山东省3所、辽宁省3所、湖南省3所、安徽省2所、广东省2所、重庆市3所、吉林省2所、黑龙江省3所、天津市2所、福建省2所，河南省、贵州省、云南省、浙江省、甘肃省、广西壮族自治区各1所（见表2-1）。

---

① 陈健参与本案例编写。

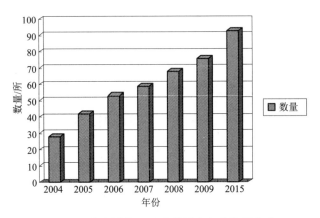

图 2-1 自主选拔录取改革试点高校数量变化

表 2-1 2015 年自主选拔录取改革试点重点高校名单

北京大学	中国人民大学	清华大学	北京交通大学
北京航空航天大学	北京理工大学	北京科技大学	北京化工大学
北京邮电大学	北京林业大学	北京中医药大学	北京师范大学
北京语言大学	中国传媒大学	中央财经大学	对外经济贸易大学
中国政法大学	华北电力大学	中国石油大学（北京）	北京工业大学*
南开大学	天津大学	大连理工大学	东北大学
大连海事大学	吉林大学	东北师范大学	哈尔滨工业大学
哈尔滨工程大学	黑龙江大学*	复旦大学	同济大学
上海交通大学	华东理工大学	东华大学	华东师范大学
上海外国语大学	上海财经大学	上海大学*	南京大学
苏州大学	东南大学	南京航空航天大学	南京理工大学
中国矿业大学	河海大学	江南大学	南京农业大学
中国药科大学	南京师范大学*	浙江大学	中国科学技术大学
合肥工业大学	厦门大学	福州大学*	山东大学
中国海洋大学	中国石油大学（华东）	武汉大学	华中科技大学
中国地质大学（武汉）	武汉理工大学	华中农业大学	华中师范大学
中南财经政法大学	湖南大学	中南大学	湖南师范大学*

续表

中山大学	华南理工大学	四川大学	电子科技大学
西南财经大学	西南交通大学	四川农业大学*	重庆大学
西南大学	西南政法大学*	西安交通大学	西北工业大学
西安电子科技大学	长安大学	西北农林科技大学	陕西师范大学
西北大学*	兰州大学	郑州大学*	贵州大学*
云南大学*	广西大学*		

注：*为只在本省招生。

一、自主招生政策的嬗变

表面看来，从2004年到2015年自主招生的高校只是简单的数字变化，实质为自主招生10多年来踌躇满志、蹒跚学路的成长时期，教育部在不断增加自主招生试点高校数量的同时，也对自主招生的纵深发展进行了大胆尝试。

2006年复旦大学和上海交通大学试行通过面试的方式进行自主招生，试点内容主要在原有自主招生政策的基础上，两校由专家教授对申报学生进行面试遴选，当年共有578名学生通过自主选拔录取渠道进入两校，被称为我国高考制度改革历史上的"破冰之旅"。

2008年年初自主招生工作进一步"放权"，部分高校可突破分数限制招收少数特别优秀的考生。

2014年11月，根据国务院考试招生改革总体精神，从2015年起，自主招生考试安排在全国统一高考后进行，自主招生试点高校仍允许安排笔试环节。此次自主招生政策有一个重大的改革，取消了所谓"四大联盟"如"北约联盟""华约联盟""卓越联盟""京派联盟"，最终录取放在高考之后。

2015年，全国参加自主招生试点的高校有93所，其中有清华大学、北京大学等80所高校面向全国或者多个省、市、自治区招生，另外有北京工业大学、上海大学等12所高校面向学校所在省、市招生。

二、问题聚焦

自主招生作为高考制度的重要组成部分，一方面被"委以重任"，另一方面也饱受诟病，争议不断。"长期以来我国大学的招生计划、标准、办法等都由政府统一规定，命题、评卷等由政府统一组织，大学不能按照自身的培养目标、培养模式选拔录取学生，严重地削弱了大学的办学特色和竞争力。"起初，自主招生被认为是改变这一局面的破冰之举。人们期望该制度的实施能够改变"一考定终身"的现状，然而各种担心和质疑也蜂拥而至。高考和自主招生的复杂性、高利害性和高敏感性使得招生改革中不断发生新的问题。

（一）腐败现象严重

"校董"年捐100万，"点招"指标成回报。

有媒体调查发现，自主招生、艺术类招生及补录已成"特招"腐败的重灾区。一企业主称，他是某知名高校的校董，每年向这所高校捐100万。作为"回报"，学校每年招生会给其一个"点招"指标，可以给自己的孩子、亲属用，也可以送给生意伙伴或官员。自主招生沦为"点招"通道，尽管教育部已明令禁止"点招"，但记者调查得知，一些高校仍然会留出少量机动招生名额，对教职工子女、"校董"子女等实行特殊录取。

（二）招生自主性难发挥

自主性是实施自主招生制度的本质要求，是落实大学招生自主权的现实体现。起初，教育部希望"试点学校根据创新人才选拔和专业培养需要，积极探索以统一考试录取为主、与多元化考试评价和多样化选拔录取相结合，学校自主选拔录取、自我约束，政府宏观指导、服务，社会有效监督的选拔优秀创新人才的新机制"。这一指导思想是对自主性的清晰解读，大学在自主招生中的功能角色一目了然。但是，因为多种原因大学在招考中的自主性未能充分发挥。

（三）选拔缺乏科学性

考试招生是一项对科学性要求极强的工作。科学性在招考中主要体现在制度设计、招生目标和标准设定、综合招考选拔指标体系制定、命题和面试等环节。当前，有关自主招生科学性的问题突出表现在：第一，在制度设计下，考生要多次参加文化课考试。第二，由于招生院校的综合选拔体系尚未形成，致使招生院校试题的测试目标、测试的整体性、测试功能等颇受质疑。试题之间的关联度和相对独立性相对模糊,其所要测试的目标、知识结构、能力结构不够清晰。第三,招生院校尚未建立起一支专业化招考队伍。在试点自主招生制度后,国家级(教育部考试中心)—省级(省级招办)—校级(招生院校)三级考试招生体系日渐形成,大学也成为招生工作中的重要一级,但大学缺乏一支专业的考试招生专家队伍去承担报名、资格审查、命题、面试等之前未承担的工作。

(四)公平与效率不足

兼顾公平与效率是自主招生改革的难题之一,也是被社会诟病较多的方面。自主招生中的公平问题:一是指机会公平,大学的自主招生报名条件明显有利于教育资源发达地区的学生。二是指微观层面的考试内容与形式对农村学生的不公平。三是指对自主招生监管不够,过程不够透明,暗箱操作、递条子、权钱交易等现象在一定范围内存在,危害自主招生公平。

(五)城乡差异

有人指出,自主招生制度对农村学生不公平,农村学生缺少被自主招生的机会,更难得到自主招生的信息,远赴外地参加考试的成本,让农村学生难以承担,面试对农村学生也极其不利。通过自主招生进入大学的农村学生人数远低于城市学生。农村学生在自主招生制度下,常常是处于劣势的一方。国家教育本应该向农村地区倾斜的,自主招生制度所带来的政策的不公平反而越来越多,只会加大教育的城乡差距。

三、自主招生弱势群体到底弱在哪

自主招生中的"弱势群体"应主要包含三类人:一是弱势地区考生。包括家庭处于中、西部地区的考生,和家庭处于农村地区的考生。二是弱势阶层考生。即父母职业处于不利阶层的考生。三是弱势中学考生。即高校不投放或很少投放自主招生名额的中学(一般为非示范中学)的考生。但是,仅仅满足其中一个条件并不能称为弱势群体,如考生虽然地处弱势地区,但处于强势中学,同样可能获得较多的自主招生机会。本案例认为,满足上述三个条件中的两个,考生才可视为自主招生中的"弱势群体"。

在自主招生中,部分地区、阶层和中学之所以会处于劣势地位,实质是资源分配获取相对微弱。本调查从以下三个方面进行分析，即物质资源分配、教育资源的分布、政策制定的倾向性。

（一）GDP 决定自主招生名额

洛伦兹曲线及基尼系数分别是美国统计学家洛伦兹与意大利统计学家基尼提出的，用于观察与测定两种现象分布的对应关系。基尼系数是根据洛伦兹曲线计算的，是国际上应用最广泛的不平等测量工具。基尼系数的测算公式：

$$E = (A-B)/A$$

式中 A 为 0 到 1 范围内直角平分线 $y=x$ 与 x 轴围成的面积，B 为 0 到 1 范围内洛伦兹曲线与 x 轴围成的面积。基尼系数取值的一般标准为 0.2 以下分配绝对平均，0.2~0.3 比较平均，0.3~0.4 相对合理，0.4~0.5 差距较大，>0.6 差距悬殊（见图 2-2）。

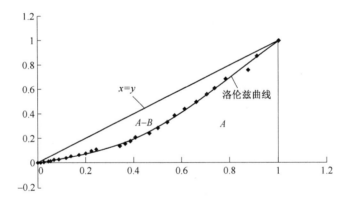

图 2-2　自主招生洛伦兹曲线与基尼系数

本文自主招生名额分配的洛伦兹曲线是使用 2014 各省、市、自治区自主招生名额和 2013 年各省、市、自治区 GDP 总量两项指标，来反映 GDP 的高低与招生名额分配得均匀情况。以 GDP 的累计百分比为横轴，相对应的名额分配百分比为纵轴，即为自主招生名额分配的洛伦兹曲线。曲线离从原点出发的对角线越近，表明自主招生名额随 GDP 分配得越均匀，否则越不均匀。基尼系数 $E=0.1925$ 说明，各省、市、自治区随着 GDP 增加，自主招生名额相应增加。依照各省、市、自治区 GDP 总量排名，可以分为 4 个区间。可以看出，从第 1 区间到第 4 区间，自主招生录取学生数不断增加，表现出 GDP 总量与招生名额投放数之间的正向关系。进一步分析31个省份GDP与自主招生人数的相关性显示，二者通过显著性水平检验（见表2-2）。

表2-2 各省份GDP总量分类表

区间	第1区间	第2区间	第3区间	第4区间
GDP（2013年）	0～1万亿元	1万亿～2万亿元	2万亿～3万亿元	3万亿元以上
省份	新疆、贵州、甘肃、海南、宁夏、青海、西藏	北京、安徽、内蒙古、陕西、黑龙江、广西、天津、江西、陕西、吉林、重庆、云南	河北、辽宁、四川、湖北、湖南、福建、上海	广东、江苏、山东、浙江、河南
自主招生人数	617	8 150	12 413	9 525
省均自主招生人数	88	679	1 773	1 905

（二）教育资源分布决定自主招生获取名额

目前90所具有自主招生资格的高校覆盖了绝大多数"985"高校与"211"高校。为回答研究假设，本文将这两类高校分布的地域特征进行了统计。可以发现，从全国各个行政区划角度分析，各个区内高等教育的空间分布存在严重的不均衡（见表2-3）。自主招生名额分配在此影响下产生趋同效应，即"高等教育集中区优先发展"。数据统计发现高等教育欠发达省份不乏自主招生生源大省，如：安徽、浙江、河北、河南四省均超过千人，究其原因发现自主招生存在"就近发展区域"。

具体来看，中国高等教育发达的省、市：北京市1 800人、江苏省2 272人、湖北省3 564人、陕西省439人、上海市1 277人。高等教育比较发达的省、市：湖南省1 503人、广东省637人、四川省1 700人、辽宁省1 787人、吉林省580人、黑龙江省933人、山东省3 838人、山西省650人、天津市344人、重庆市643人。高等教育欠发达的省、自治区：宁夏30人、内蒙古299人、青海省16人、甘肃省201人、新疆105人、贵州省221人、云南省107人、广西261人、西藏8人、海南省36人、福建省352人、江西省499人、安徽省1 586

人、浙江省 1 054 人、河北省 2 230 人、河南省 1 724 人。

进一步通过地理信息系统（GIS）软件绘制了中国不同省份自主招生的分布状况图，在直观上更印证了本文的研究假设（见图 2-3）。

表 2-3 "985"高校与"211"高校分布的地域特征

区域	西　部	中　部	东　部
区域内"985"高校数量	陕西 3 所、四川 2 所、重庆 1 所、甘肃 1 所（共 7 所）	湖南 3 所、湖北 2 所、黑龙江 1 所、吉林 1 所、安徽 1 所（共 8 所）	北京 8 所、上海 4 所、天津 2 所、江苏 2 所、广东 2 所、辽宁 2 所、浙江 1 所、福建 1 所、山东 2 所（共 24 所）
区域内"211"高校数量	重庆 2 所、内蒙古 1 所、广西 1 所、四川 5 所、云南 1 所、贵州 1 所、青海 1 所、宁夏 1 所、陕西 7 所、甘肃 1 所、新疆 2 所、西藏 1 所（共 24 所）	山西 1 所、吉林 3 所、黑龙江 4 所、安徽 3 所、江西 1 所、河南 1 所、湖北 7 所、湖南 4 所（共 24 所）	北京 23 所、上海 10 所、天津 3 所、河北 1 所、辽宁 4 所、江苏 11 所、浙江 1 所、福建 2 所、山东 3 所、广东 5 所、海南 1 所（共 64 所）

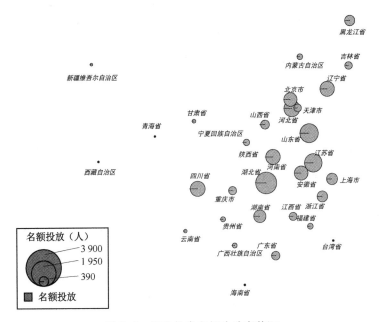

图 2-3　各省份自主招生分布状况

(三)自主招生政策为谁而制定?

自主招生制度"歧视"农村考生也成为争议的一个焦点。通过自主招生进入大学的农村考生人数远低于城市考生。2010年北京大学发布的自主招生新政"校长推荐制"学校名单中,没有一所高中在农村地区。农村考生在自主招生制度下,常常是处于劣势的一方。对于教育公平这一永久课题,国家和公民都应加强思考和探索。

2012年,教育部在《关于进一步深化高校自主招生选拔录取改革试点工作的指导意见》中对自主招生招收对象有具体规定:"招收的主要对象是具有学科特长和创新潜质的优秀学生,试点高校的自主选拔录取计划不超过本校年度本科招生计划总数的5%,纳入本校年度招生计划中。"

具体来说,高校自主招生一般要求考生在某些方面具备突出的能力和特长。例如,超常的创新和实践能力,在文学、艺术、体育等方面有特殊才能以及学科竞赛获奖等。一般来说,参加自主招生的考生可划分为以下3类:

(1)高中阶段学习成绩优秀、品学兼优、综合实力强或取得优秀荣誉称号的考生;

(2)在一定领域具有学科特长,在各类比赛及竞赛中获得奖励的考生;

(3)高中阶段在科技创新、发明方面有突出表现并获得奖励的考生。

2014年11月,笔者赶赴湖北省,先后访谈十堰市郧西第一中学、襄阳五中和华中师大附属中学三所不同级别的中学,针对自主招生政策各地方中学校长的反馈意见大相径庭。

【郧西一中】张校长说:"2014年郧西一中高考文、理(不含小专业)达一批本科线136人,位居十堰市六县之首,但在自主招生大政策下,在学校和本校学生两个层面毫无优势可言。一是学校无法获取省级优秀荣誉称号学生名额,名额的分配往往依照省市行政级别、学校'话语权'(如'百强中学')进行划分,到县级地区往往一个名额也没有,该地区没有相对发达的教育产业,学生在各类各级竞赛中无法获取优势,更别说是各级创新、发明创造比赛了。二是对学生而言,农村学子没有物质支撑去培养自己的特长,通过普通高考改变命运的观念根深蒂固,没有人敢把赌注压在自主招生上。2014年郧西一中仅有一名学生柯浪,高考裸分663分,在参加清华大学自主招生考试中,以全省并列第一的笔试成绩，获得清华大学 50 分的加分认定，最终以 713（663+50）分优异的成绩，达清华大学录取线。"

张校长还说："农村地区孩子学习刻苦，吃苦耐劳，毅力坚韧，但无法在自主招生中找到相对应的条件。"

【襄阳五中】襄阳五中是湖北省重点中学、省级文明单位、全国体育传统项目和群体活动先进学校，也是清华等全国名牌大学定点保送毕业生学校。

该校汪校长说："主抓这项工作的校领导，定期参加教育行政部门的政策研讨会议，能够把握政策脉搏，甚至能够参与到政策制定层面中，影响政策影响方向。"话语间优越感凸显，表示对于自主招生任何一个环节学校领导把握精准。汪校长还说："不仅仅学校能够在最新政策消息的获取上有优势，我们的学生家长也同样能够获得第一手信息，学生家长有自己的交流群体，并且能够就读五中的学生的家长也是社会阶层相对较高的人群，有可能教育局长的孩子就在襄阳五中就读。除此以外，学校根据自主招生时间流程，在时间节点上开展相对应的政策宣讲、技能培训、面试模拟等培训。"2014 年襄阳五中仅在自主招生环节，就有 18 人分别被北京大学和清华大学录取。

【华中师范大学第一附属中学】众所周知，华师一附中国位于百强中学之首，被称为"超级中学"中的"超级中学"，2014 年，以 383 个自主招生名额荣登全国自主招生榜首。据《楚天金报》报道，在 2014 年高考中，华师一附中高三（30）班当选为"牛班"。该班 44 人中，有 16 人因闯入五大学科奥赛国家集训队，获得北大、清华保送资格。此外还有 17 人通过了北大、清华自主招生加分投档或降一本线的优录。班主任范莉自信地告诉记者，这些学生的成绩加上优惠的分值，铁定可以上北大、清华，"还有 11 人，也通过了名校的自主招生，上线不成问题"。

对于这个"牛班"，范莉是有底气的。她告诉记者，高三（30）班的"牛气"得益于教师和学生之间的和谐相处——老师教书教得开心，学生们上课上得高兴。

高三（30）班学生们的身体格外好，范莉说，从高一开始，学生每天都会列队跑上 1 000 米，有了好身体，他们得以肩并肩搏到最后。

高二后，学生们的学业压力陡增。为了让学生们释压，范莉将每周三下午 6

点至6点半,定为"游戏时间",每次都由学生们自主设计游戏,雷打不动地玩乐,直至高考前的一周,"他们每次都玩得很'嗨',压力也得到了释放"。

四、结论与建议

在《正义论》中,罗尔斯提出了著名的正义原则。第一正义原则为"平等自由原则",杨东平教授将之解读为平等地对待所有人,是一种横向、平均性的公正,用于处理公民的政治权利;第二正义原则为"差别原则"和"机会均等原则"用于处理社会和经济利益问题。本文认为,有区别地对待不同的人的"差别原则"是一种纵向的、不均等的原则,它突出了在不公平的社会现实中,为处境不利者提供机会或利益的"补偿性"。按照这两项基本原则,当前改善弱势群体自主招生参与的公平状况应着力做好三方面工作。

(一)进入机会均等化

提升弱势地区学生通过自主招生模式进入高等教育的机会。笔者建议国家层面制定具有"补偿性"的政策,例如普通高考中的"贫困专项计划",并给予制度保障,提供相配套的教育资源。复旦大学2014年自主招生简章明确提出了"腾飞计划",即对于对未入选推荐中学中特别优秀的农村户籍考生(除上海市、北京市、天津市、江苏省和浙江省外),可在复旦大学招生网网上报名系统中通过自荐形式申请报名资格。2014年同济大学针对弱势地区自主招生实施"筑梦计划",计划面向中西部农村地区,特别是边远贫困地区和少数民族地区,县及县以下乡镇农村中学选才,并明文规定了选拔标准和选拔名额,以及相配套的监督管理办法,从制度层面提升了弱势地区自主招生的进入机会。

(二)选拔尺度多元化

自主招生既要满足学校的选材要求,也要兼顾国家和社会的根本利益。自主招生在过去的十多年中,学者公认选拔尺度过于单一。自主招生不是简单地针对特定学生群体,进行一场单独考试,降分录取,也不仅是高校追求功利的工具和自身宣传的噱头,它是一项关系千万学子命运,关系国家人才发展的战略性计划。可喜的是自主招生选拔方式多元化发展在上海部分高校已经迈出坚实的第一步,"分类考试,多元录取""两次考试、统分结合"的多种模式日益趋同,虽然利弊共存,但实质性的进步明显。尊重多元化也是教育公平的一种体现。

（三）选拔结果透明化

根据《中国青年报》《近七成受调查者认为高校自主招生过程不够透明》一文的报道，有66.7%的人认为自主招生过程中权钱交易不可避免，56.8%的人认为过程不够透明，48.8%的人担心对教育资源缺乏地区的学生更不公平。自主招生选拔急需加强社会监督和舆论引导，改变自主招生在公众心中的朦胧感和神秘状态。

讨论题

1. 如何看待针对农村学生的自主招生政策？
2. 自主招生的人数不断扩大是否对高校人才培养质量造成影响？

推荐阅读

[1] [美]约翰·罗尔斯. 正义论[M]. 何怀宏，译. 北京:中国社会科学出版社，2003.

[2] 杨东平. 中国高等教育的现实与公平[M]. 北京:北京大学出版社，2006.

[3] http://news.tongji.edu.cn/classid-11-newsid-42661-t-show.html

[4] 王聪聪. 近七成受调查者认为高校自主招生过程不够透明[N]. 中国青年报，2009-11-24(4).

案例三　京城中小学再次涌动"改名潮"[①]

一、前言

1949年后,北京市已经掀起过多次中小学改名热潮。

第一轮改名热潮兴起于20世纪50年代初,当时一大批学校适应新时代的需求而改名,校名多以数字或者街道、胡同名字命名。

在那之后,最大规模的一次改名热潮发生在2011年。此前,由于北京核心区行政区划调整,将宣武区与西城区合并、崇文区与东城区合并,致使新西城区和新东城区的近百所中小学重新"冠名"。

二、现状

自2014年上半年开始,京城新一轮改名热潮"悄然兴起",有近50所中小学校改名,被称为"校名大变脸"。此次"大变脸"被称为自改革开放以来北京市教育发生变化最大的一次,究其"变脸"原因,在于北京整合教育资源,推进教育公

[①] 侯新颖参与本案例编写。

平，实施高校、社会力量参与办学政策。2015年以来，改名力度则丝毫不减，再现高潮。

2015年4月2日，北京矿业学院附属中学在中国矿业大学（北京）科技会堂举行隆重的更名揭牌仪式。中国矿业大学（北京）、海淀区教委等相关领导和负责人，以及北京矿业学院附属中学四个年级近1000名师生参加了仪式，学校正式更名为中国矿业大学（北京）附属中学。

中国矿业大学（北京）附属中学校长敖雪丹在更名仪式上表示，此次学校更名意味着学校进入了全新的发展时期，要借助于矿大的师资优势和科研力量，充分挖掘学校的学科特色，提升教师能力，进一步提高教育教学质量和办学效益，办好"让学生成才，让家长放心，让社会满意"的矿大附中……

据新浪教育频道报道，仅仅2015年1—4月三个月的时间，北京市各区有30余所中小学进行更名或加挂校牌，被称为抓住发展契机，以开放的心态重新整合、优化资源配置，实现学校的新发展。

（一）高校与中小学结对子

观察"更名"前后的变化，如"北京市万寿寺中学"更名为"北京外国语大学附属中学"，"北京市万寿寺小学"更名为"北京外国语大学附属小学"，"回龙观二小"更名为"北京农学院附属小学"，不难发现"更名"之后的学校名称都与大学沾了边儿。而之所以有如此变化，是源于北京市一项创新之举——高校创办附中附小。

北京市推出高校创办附中附小项目，目的在于提升薄弱校水平，促进义务教育均衡，让百姓家门口就有好学校，让每一所学校都是好学校，从而从根本上破解"择校热"，是一项促进教育公平的举措。我们看到，项目所选择的中小学绝大多数都是教育资源相对薄弱的，与大学"结对子"，就是希望能为这些相对薄弱的学校提供一个强大的外力，让它们借助于大学在教学理念、师资队伍，以及特色资源等方面的优势，补齐短板、提升品质，缩小与相对优质校之间的差距。

与此同时，高校与中小学合作的过程中也在积极探索国际化人才培养模式，努力打通人才成长的绿色通道，实现多赢。以对外经济贸易大学为例，该校合并了位于东城区的北京二十五中、五十五中、六十五中、一〇九中四所学校。有意思的是，对外经济贸易大学将北京一〇九中学，作为自己的西班牙语实验学校。众所周知，北京一〇九中学于2013年创设小学部，招收两个西班牙语班。而学校同时在初中和高中都有西班牙语班，与对外经济贸易大学合作办学后，小语种人才培养可谓是实现了16年一贯制，从小学到大学中间毫无障碍，在国内算是首创。

（二）学校法人撤并"归一"

尽管都是学校更名，但是更名的方式却是不同。有一部分学校虽然更名，但是仍以法人主体身份存在，这部分学校只占少数。更多的则是采取合并办学、一贯制等办学等形式，这些学校多采取"一体化"管理方式，一套或几套领导班子，整体上是一个法人。多个法人撤并归一的学校越来越多。

以海淀区为例，2014年3月，原北京市第206中学、海淀区群英小学，两校合并成为一所九年一贯制学校后，由北京十一学校承办，更名为北京十一学校一分校，分校与总校为一个法人，校长由十一学校校长李希贵兼任。首师大二附中正式由首师大附中承办，两校也是一个法人管理，首师大附中已选派一位资深主任，任该校校长。人大附中与翠微中学、卫国中学的合并后更名为中国人民大学附属中学翠微学校，该校由人大附中全面接管，与人大附中同为一个法人。

多个学校法人"归一"后，各分校、校区不再是简单的"复制牌子"借势发展了，体现出来的则是优质校校长们的办学责任更加明确，他们不仅要盘活教育资源，更要切实提高各分校、校区的教育教学质量，实现真正的绑定式发展。

（三）一校挂两牌成显著特点

与2014年相比，2015年更名的这30余所学校中有一个突出的现象，那就是多所学校实行一校挂两牌，原先的校名并没有去掉。

2015年1月7日，中关村中学举行了"中国科学院与海淀区教委共同建设中关村中学签约揭牌仪式"，由此，中关村中学将加挂一块校牌——"中国科学院中关村学校"，实行"一所学校两块牌子"的管理模式。

与此类似，在北京市广渠门中学门口我们也可以看到，9块牌子分为上中下三排整齐地悬挂着，"北京工业大学广渠门实验学校"这块校牌悬挂在左下角，旁边是"北京广渠门中学教育集团"的牌子，右边则是督学公示牌。上面两行 6 块牌子则是各个高校优质生源基地校的牌子。

再比如，北京育英学校大兴分校与兴海学校的合作，与其他名校办分校直接更改校名不同，兴海学校继续保留原"北京市大兴区兴海学校"校名，增加"北京市育英学校大兴分校"校名。

（四）一批学校正在筹划改名

此轮改名潮不是结束，伴随首都教育"深综改"的推进，改名潮还将继续。朝阳区教委透露，2015 年该区将在 2014 年转型升级 28 所学校的基础上，继续实施区内现有名校整合薄弱学校的方式，整合 10～15 所相对薄弱学校，涉及 9 个学区、14 个片区，包括小红门、崔各庄、黑庄户、双桥等地区，大约有 9 800 名学生受益。

和朝阳区一样，其他区也在进行同样的筹划。石景山区教委与国科大协商，双方有意将区内一所名校变成国科大附属学校。

在密云区，密云二小与西城区黄城根小学，新农村中学与北京一六一中学合作办学也正在筹划中。

三、声音

（一）教育者：改变需要周期

区域教育整体布局调整的直接目的是扩大优质教育资源的普惠范围。中小学"更名"势必会带动学校的特色发展，推进学校的整体提升，但"更名"为学校带来的良好效应不会立竿见影，慢慢才能显现出来，需要一定的周期。原因有二：

其一，提高原有学校教师素质并吸引更优秀的师资资源需要时间。

其二，学校"更名"，客观上为学校个体改革释放出更大的空间，如改进教学模式、课程设置、人才培养模式等，也需要时间。

（二）家长：学区房价格蹿升

学校"更名"产生的影响还作用在家长和房价上，带来新一轮的"学区房"抢购和热卖。

强弱重组的方式虽然通过政策干预在一定范围内有利于提高教育的均衡，但是也令人担忧这样的方式会带来不少问题，家长们面对种种新政策容易慌乱，"到处乱买学区房的、迁户口的，大家不知道政策突然会怎么变，处于一个茫然和被动的状态。新一波的学区房竞争很可能导致学区房价格飙涨，面临经济层面的另一种不均衡"。

思考题

1. 怎样理解高校与中小学结对子现象与高校生源多样化的关系？
2. "改名潮"发展到最后，有可能出现教育界的"巨头"吗？对今后的义务教育又有哪些影响？

推荐阅读

[1] 搜狐教育. 京城中小学再现改名潮 部分学校一校挂两牌[OL]. 2015-04-08.

http://learning.sohu.com/20150408/n410965203.shtml.

[2] 新浪新闻. 北京东西城近百所中小学更名[OL].

http://news.sina.com.cn/c/2011-09-07/035723116718.shtml

[3] 齐鲁网. 2014年北京幼升小多所学校更名 新名带来新气象[OL].

[4] 人民网. 北京中小学齐更名,为何要与高校结对子[OL]. 2015-01-15.

案例四　李老师的普通一天[①]

2015年的"两会"期间"为教师减负""教师压力大"等话题受到密切关注。与此同时，由中国教育报微信发起的，133 226名校长和教师参与的，题为"校长和教师的时间都去哪儿了"的调查数据显示，84%的人认为，学校承担的跟教育不直接相关的工作太多了（如检查、评比、活动等），真的让教师疲于应付，苦不堪言。

在旁人眼中，教师一年有两个假期，工作稳定，每天的任务就是上上课、管管孩子，应该很轻松。可事实真的如此吗？下面李老师的案例将为您揭开教师生活的"面纱"。

李老师，女，小学二年级语文教师兼班主任，自首师大毕业后一直在海淀区某小学工作，至今已是第9个年头。李老师是幸运的，自打上班以来一直从事低年级的语文教学工作，对教学内容和体系比较熟悉，也很受学校领导的重视。家中有两位老人帮忙照顾3岁的孩子，少了很多后顾之忧，使得她能够将更多的时间和精力投到工作上。可即便这样，李老师仍然觉得很累，工作没有幸福感。为什么会这样？我们来看看李老师的一天是怎样度过的。

[①] 侯新颖参与本案例编写。

■ 7:20—7:30 在学校吃早餐

学校为老师们提供早餐，而且是免费的，这是大家比较欣慰的地方，一天的好心情或许也正源于此。但是学校有规定，一、二年级的班主任必须在 7:30 之前进教室，因为这个时间马上就会有孩子陆续来上学了。也就是说，每天早上李老师只有 10 分钟的早餐时间，这 10 分钟，与其说是吃，倒不如说是"填"。狼吞虎咽吃点东西之后才不会饿肚子，才有力气和学生们"较量"，才能坚持把一上午的课上完。特殊情况是，如果上班路上稍有差池，晚搭了一班地铁或者出地铁后脚步慢了点，只能和早饭说"bye bye"，径直去教室里组织学生们晨检和早读了。

■ 7:30—8:00 晨检、早读和收发作业

7:30 以后，学生陆续到校，李老师迎来了一张张亲切的笑脸，又听到了一声声"老师早上好"的问候。李老师带的二年级 2 班有 38 名学生，同年级中不算是人数最多的。每天早上这珍贵的半小时时间往往都是做组织学生早读、收发作业、晨检、统计考勤、与缺勤学生家长电话确认之类的事情。对李老师而言，这是一天中的节奏最慢的时刻，难得的惬意时光。

■ 8:00—11:55 上课和早操

李老师负责自己班和隔壁二年级 1 班两个班的语文教学工作，每周 8 节语文课，同时兼教两个班的中文诵读课每周 4 课时，以及每周一次的班会课，这样，每周课时总量 13 课时。跟英语教师每周 16 节、体育教师每周 18 节的工作量相比，并不是最大的。即便这样，李老师也总感觉一刻不清闲。因为她作为班主任，每个课间都会到教室看一眼，提醒学生们喝水、上厕所、准备下节课用品。

上午共有 4 节课，第 2 节课后是全校的早操时间。所有教师都要到操场上和学生们一起做操锻炼，李老师也不例外。每每这 40 分钟的时间，在安顿学生站好队伍之后，李老师都会特别认真地跟着大家一起做广播体操，活动活动僵硬的脖子和酸疼的肩膀……

■ 12:00—12:20 照看学生吃午餐

学生们都自带餐具在学校吃午餐。每天中午食堂都会为学生们准备精致美味的营养餐，但分饭的工作由班主任和副班主任两人分担。今天又是轮到李老

师了,她认真地洗过手之后,熟练地戴上口罩和一次性手套,打开保温桶准备给已经自觉排好队的学生们盛饭盛菜,三菜一饭一汤,每个学生要盛5勺,38个学生就至少要盛190勺。由于二年级的孩子们个子都比较低,李老师不得不弯着腰把饭菜准确地盛到学生们的餐具里。终于盛完饭了,早已饥肠辘辘的李老师直了直腰,好酸啊!这还没有结束,她还要照看和叮嘱学生将饭菜吃光,饭菜不够的还可以继续添加……

■ 12:20—12:40 自己午餐

学校里每件事情都有严格的时间规定,强调专时专用。比如看管学生吃午餐的时候就不能做批改作业这样的事情。同样,12:20之后才属于教师吃午饭的时间。李老师很享受这个时间,因为吃饭的时候说不定就能看见一直想找的同事,顺便把工作的事情沟通一下,抑或可以唠唠家常。可每次话题一谈起来,都不尽兴,会被铃声打断,因为她又要去忙碌了。

■ 12:40—13:10 午间管理

李老师又回到了自己班的教室。所谓"午间管理"时间,是学校交由学生自己自由支配的时间,可以做作业、画画、读书……总之,要保持教室安静,不随便离开座位和说话。这也是李老师的工作重点——保证教室相对安静,学生互不打扰,因为楼道里每天都会有专门的领导负责巡视检查和记录情况,这可是要记入班级量化成绩的,李老师对此也不敢怠慢。她总是和学生们一起坐在教室里,利用这个时间批改几本作业,和个别调皮的学生谈谈心……

■ 13:20—15:20 上课和大课间活动

下午上两节课之后,就是学生最热闹的下午课间活动时间了,安静的校园立刻沸腾起来。各个年级的学生们都会来到操场上,在各班既定的范围附近活动。李老师召集本班同学一起练习跳绳,她一会儿给学生们传授跳绳的"秘诀",一会儿给学生计时统计跳了多少下,一会儿又提醒挨得太近的学生拉开距离,以免被他人跳绳伤到……二年级的孩子,尤其是男孩子,精力特别旺盛,一不留神,几个男生便会把"跳绳"的事忘在脑后,玩起了自己感兴趣的"追跑"游戏。李老师对他们揪紧了心,虽然每次都会制止,但这是孩子的天性,不跑不闹就不是孩子了。这个时候李老师就得"眼观六路,耳听八方"盯紧这些男孩子,以防他们在玩耍追逐的过程中发生伤害事件……

■ 15:30—16:20 兴趣小组

同在海淀区，李老师始终不明白，为什么有的学校下午两节课之后学生就放学了，而自己所在的学校还要组织"课后一小时"活动，动员全校学生按照自己的兴趣选择参加兴趣小组或社团。从培养兴趣和促进学生全面发展的角度来说，这件事也无可厚非，学校可以聘请专业的老师来辅导，可最令李老师发愁的是居然要自己学校的教师来教！结果就是老师们绞尽脑汁，有的老师教烤饼干，有的教师教毛线钩织，有的教师教软陶，还有的教足球……李老师自认为真没有什么特长，所以硬是赶鸭子上架申报了"揉纸画"兴趣小组。因为这个简单易学，从网上买一些背景图片和纸工材料之后，就可以动手做了，还好学生们还比较喜欢，所以李老师花费的上网时间和材料费用也算是值得了。

■ 16:20—16:40 放学

放学也是一场战役，从教室到校门口区区 100 多米的距离，经常要用 15 分钟到 20 分钟的时间。原因之一是学生年龄小、排路队速度慢，偶尔也会出现站错位置或是掉队的情况，使得全班不得不停下来重新站好队伍再往前走。原因之二是要应付甬道两旁站立的方方面面大队委学生的检查，比如有检查佩戴红领巾和小红帽情况的，有检查路队是否排好走直的，有检查离校时和老师说"再见"声音是否洪亮的……这些评比最终都是要和班级荣誉以及班主任的绩效工资挂钩的。总之，一路上走到校门口并不容易。

■ 16:40—17:00 帮助学生值日

李老师已经有意识地锻炼学生做值日，增强他们的劳动意识和集体意识，但是二年级的学生实在年龄太小，事实上多数值日工作还是班主任自己做的。擦黑板、摆桌椅、扫地擦地，忙活了一节课 40 分钟之后，教室又变得整齐干净，准备第二天迎接孩子们的到来了。而这 40 分钟可不轻松，抛开脏脏的双手不算，这时李老师的腰又开始隐隐作痛……

■ 17:00—17:30 与家长沟通、工作收尾

关闭教室电源，关好门窗，送走做值日的学生，回到办公室之后，李老师才松了口气，她觉得这时的时间才是属于自己的。工作并没有结束，因为还有几个学生的作业没有批改，《班主任日志》明天要上交，对了，这几天她发现坐在第二排的王陶陶上课的时候注意力不集中，总走神，得尽早给家长打个电话

沟通一下……

■ 17:30 下班，又是漫漫回家路……

李老师的工作时间结束了，可工作并没有结束，回家后她还要准备明天的讲课内容……如果你认为她的忙碌只是个案，那你就错了。李老师说，每天她离开单位时都会下意识地回头望一眼教学楼，楼里灯火通明，很多教师还没回家，为各种各样的事情忙碌呢。我问她："老师们都在忙什么呢？"她说："忙了一天，其实都在忙教学工作，上课和教育学生这点事，而教师真正的辛劳却在课外、下班之后。有的教师在备课，因为明天学校领导要听课；有的教师以组为单位在教研，因为上班时真的没有统一的空余时间，只能下班后聚在一起了；有的在批改作业，高年级的作文批改起来确实很耗时，又不能带着两个班的作文本回家，实在是太沉了；有的在为学校的活动做准备，又是捐旧还绿活动，又是检查歌唱比赛的；而有的教师则是利用下班之后的安静时间好好写写自己的论文、想想自己的课题，每年 5 月份都有各级的教师评选，7 月份学校有评小高的名额，大家都要努力一把，争取今年评上职称……""既然这所学校这么累，为什么不换一所离家近的学校呢？"我追问李老师，她回答道："你有所不知，教委有规定，教师调动要取消在原来学校评定的小学高级教师资格，也就是职称要降档，那就代表着工资也会降低，教师就这么一点可怜微薄的收入啊。"李老师叹了口气接着说："再说了，调动到一个新的学校，你又成了新人，学校领导、学科主任都不了解你，肯定要反复听你的课，你又得为了评职称不停地讲课赛课，不停地教研学习，不停地写论文，好为重新认定职称积累材料啊，还不是照样忙、照样累，或许还要加上'更'字……"

李老师工作的小学位于海淀区，海淀区是公认的教育发达地区。那么走出北京市，其他省市和农村地区小学教师的工作状况又是怎样呢？

卢炳惠、黄燕在重庆市黔江区六所中小学（村小、城乡结合处中学、镇完中）对 300 名教师进行的"教师压力状况"调查显示：93.1%的中小学教师认为自己有压力，其中 48.1%的教师认为自己"压力非常大"，45%的教师认为"压力很大，但可以接受"。事实上，经济欠发达地区和农村地区的中小学教师同样承受着相当大的工作压力。除了与城市教师相同的压力外，他们在工资待遇、生活条件、课改教研、职称评聘等方面也存在压力。

由此可见，中小学教师的压力问题已经较普遍，已经成为不容忽视的社会问题。究其原因，教师工作压力主要源自以下几个方面。

一是学生不好管。

现在的学生多是独生子女，个性越来越强，但心理承受能力却越来越弱。教师在教育学生的时候总有这样那样的顾虑。这些孩子，从小在温室里长大，家长对他们的要求主要是身心健康、每天开心，很少有学业上的要求，导致的后果就是家长并不特别关注学生的学习，对教师的配合程度低。

二是家长不理解。

教师与家长的沟通问题一直都是教育中的难题。因为家长千差万别，且教师与家长有时出发点不同，对教育的理解也不同，往往产生摩擦。据媒体报道，上海市有小学教师发现，自己被学生携带的"秘密武器"——儿童远程监控手表所监控，课堂上说的每一句话都被实时传到学生家长的手机上。该校排查后发现，一、二年级不少学生都在家长的要求下把这一"神器"带进了课堂，家长未经允许私自监听教师上课，虽说并非完全出于恶意，但让该校教师感受到不被信任、不被理解的辛酸。

三是工作繁重。

教师每天从进校之后便马不停蹄。上课之前，教师要准备课件，写教案，课前复备；课上要根据学情修改教学思路，应对课上突发情况；课后还要处理学生间发生的问题。一位小学六年级的语文教师，同时也承担着三年级的诵读课；一位书法教师同时承担着四、五、六三个年级 20 课时的教学任务；好不容易有一节空课，教师坐在那里有批不完的作业，生字本、听写本、练习册……即使在同一个办公室的老师，有时候从早上到放学也不一定能见上一面、放松地聊上两句……老师们工作起来像陀螺一样不停地转动，不能停下。

四是工时超长。

据一项抽样调查显示，中小学教师每周课时平均为 16 节，因此每周教学时间为 10.6 小时，每周工作时间为 54.5 小时，已经大大超过国家法定工作时间。超长的工作时间带来诸多问题，比如身体健康问题，很多老师都患上了不同程度的咽炎、静脉曲张、颈椎病、腰疼……除此之外，老师们早出晚归，无暇照顾家庭，自然也没有时间过问和辅导自己孩子的学习。

五是非教育行政工作多。

一所学校，除了教育教学工作之外，还承担着太多的社会职能；一名老师，除了教书育人之外，还有着太多令人难以想象的压力和负担。据统计，中小学教师课堂教学的时间仅占总工作时间的 19.4%，而国外教师从事课堂教学的时间占总工作时间的 1/3 以上。许多老师也想去读一些书，多搞一些研究，多写一点文字。但繁杂的工作几乎填满了所有的时间，经常有上级部门或者学校的突发检查，老师们被各种材料、各种表格弄得团团转；还有时常或者定期的各种评比、总结、交流，弄得老师焦头烂额。为了丰富校园生活，开展各种各样的校园活动本无可厚非，殊不知学校一个部门组织一个活动，五个部门就是五个活动，一下子落在教师身上就是沉甸甸的工作量啊！更不要提评定职称了，为了评职称，教师们要把过去几年来的教学情况、教研情况、赛课情况、思想状况、获奖情况等方方面面的情况进行梳理，还要填写大小表格，复印各类文件，复杂的程序使得老师筋疲力尽。

综上所述，必须为教师减负减压，呼唤全社会关注。我们期待能将教师从烦琐冗余的杂事中解脱出来，使教育真正回归本源。因为，只有教师健康了，才能教出阳光的学生。

讨论题

1. 除了文中所列压力，教师还有哪些方面的其他压力？教师应该如何应对各种职业压力？

2. 教师在辛勤付出的同时，是否享受到工作带来的荣誉感和自豪感？荣誉感和自豪感主要来自哪几个方面？

附录

■ 教师的寒暑假也并不轻松

某师范学校曾就"选择做教师的理由"做过一番调查，有 80% 左右的学生认为教师这一职业最吸引自己的就是一年有两次假期。的确，忙碌一整个学期的老师们会很享受期盼已久的假期，利用难得的相对较长的休息时间放松休闲、陪伴孩子、照顾家庭、旅游观光……但这并不是教师假期的全部。事实上教师的假期并不像人们想象的那样轻松，很多教师在假日里依然忙碌。

首先，是放假后和开学初的区级和校级培训。各个学校都非常重视教师队伍建设，所以会在这两个时间段利用四五天的时间进行集中培训，组织老师们听专家讲座、学科报告，进行教材培训等，也会利用这个时间向老师们解读下一学期学校的工作计划，组织召开教职工代表大会讨论通过学校的章程、规定，等等。放假后的前两三天和假期结束前的两三天，老师们往往被各种培训和会议包围着。

其次，老师们有繁重的备课和教科研任务。虽然放假了，但是教师的工作不能放下。老师们放假之前一般都会领到下个学期的新教材，他们要利用假期精心备课。备课要求相当细致。如海淀区某小学要求备课：① 应该包括备学生、备教材和备教法。备教材又包括备学段、备教材全册、备教材单元、备教材课时等。② 工作2年以内的教师必须全部手写备课。工作2年以上的教师备课时部分可以用电子教案，其他必须手写。③ 新学期开学前至少要备出两周的教学内容。④ 所有学科都要准备"开学第一课"……

除了"备课"这件大事，新学期的"教学计划""教学进度"，所任学科要组织的学科活动，要承担的科研课题等也是教师们要利用寒暑假时间思考和制定好的。这些工作都要占用教师们大量的假期时间。

再次，教师们还得利用假期"充电"，提升自己。学校一般都会鼓励老师们在寒暑假读几本跟教育教学有关的书籍，一些学校还会在内容和数量上做出一些硬性要求。这些"作业"教师们一定要完成，因为开学后学校会要求大家上交"读后感"或者组织"读书沙龙"活动，让老师们在一起交流读书心得和感受。有些教师平时忙于教学，无暇顾及自身专业发展，也会在寒暑假期间"恶补"各种教学理念、经验、方法；有些教师迫于评职称的压力，也会在假期中研读教育学著作、写论文、或发表自己的文章；还有的教师本身勤奋好学、治学严谨，不想"吃老本"，不想有被学生"挖空知识"的感觉，所以假期去参加继续教育或者研究生的课程……

最后，教师们还有很多与教学不相关的工作要做，如学校安排教师们寒暑假值班，以防万一学校有突发事件；党员教师还要到家庭所在社区报到，参加义务劳动或者教育政策咨询和宣传活动。无论寒假还是暑假，即使外出旅游，教师们往往也需要在开学前一周左右时间回来，比学生提前3～5天返校，打扫卫生，召开新学期各部门的会议，早早地进入新学期工作状态……

看到以上种种，教师令人肃然起敬，他们牺牲自己的假期时间，做了工作之外的工作，目标只有一个，那就是为了新学期能够工作得更好。

推荐阅读

[1] 董艳娜. 城市和农村中小学教师压力现状及成因分析[J]. 科技创新导报，2014(14).

[2] 李琼，张国礼，周钧. 中小学教师的职业压力源研究[J]. 心理发展与教育，2011(1).

[3] 刘晓明，孙蔚雯. 农村中小学教师工作压力源的访谈研究：社会压力[J]. 江苏教育学院学报(社会科学)，2011(1).

[4] 匡茜，覃莹. 农村中小学教师压力源分析及对策[J]. 现代中小学教育，2007(2).

[5] 金永梅. 教师压力研究现状综述[J]. 科技信息，2010(7).

[6] 张晓霞，崔岐恩. 教师工作压力研究简述[J]. 中国成人教育，2010(8).

[7] 卢炳惠，黄燕. 重庆市黔江区中小学教师压力现状及对策分析[J]. 教学实践研究，2011.

案例五 "师二代"何去何从[①]

引言

"师二代",一个很多人可能并不熟悉的字眼儿,已经和"官二代""富二代"这些词汇一样,有了一些贬义的色彩,成了一种社会上新生的问题人群。"师二代"指的是教师的子女,而其中凸显的就是教师子女的教育问题。大家会理所当然地认为,教师的子女有着得天独厚的别人所无法企及的教育资源,教师无论如何在教育方面必然是满腹经纶,既然能培养出一批一批的优秀学生,培养自己的子女成功成才自然也不在话下。可理想丰满的同时,现实往往是那样的骨感。俗话说:"医人者难自医。"这句话完全可以移植到已成为家长的老师身上。有多少顶着各种各样光环的、培养出大批优秀人才的教师,在看着自己的孩子时,心中充满了苦涩与无奈,其中的痛苦与惋惜不足为外人道。

"学困生"小童

李老师,海淀区学科带头人,任教二十余年,做教育管理

[①] 刘芳参与本案例编写。

工作十余年。在学校说到李老师，不论是学生还是同事，都对她夸奖不已。论教学，无论是实验班还是普通班，只要是经过她的调教，成绩只有唰唰往上涨的份儿，无论她是从头带班还是中途接班，送到高考考场的时候，这个班的成绩都能够有显著的提升。论班主任工作，老实的班、闹腾的班都不在话下，不需要多少时间，就能看到这个班级步入正轨。作为这样一位教育教学双肩挑的老师，在面对众多荣誉和无数载誉归来看她的毕业生的时候，却最不爱提及自己的儿子，而最怕的也正是面对儿子的班主任。

李老师的儿子小童长得虎头虎脑的，小升初的时候，顺理成章地来到了李老师任教的学校。自从来了之后，李老师就多了一件烦心的事儿。儿子的成绩是一天不如一天，一年不如一年，儿子的班主任、任课老师一开始还是主动沟通、共同商量，可慢慢地，看着小童的成绩不仅没有进步，反而越落越远，大家也都碍着面子，不再多说什么。而他对老师没有礼貌、课余时间随意评论任课教师、进老师办公室不打招呼，跟同学争吵这些事情屡屡发生。天下没有不透风的墙，毕竟又是在同一所学校里，很多老师对小童都颇有微词，但碍着李老师的面子，也都不便多说什么，可随着中考的临近，这些被刻意掩盖的和气，确实越来越难以维持下去。

一天，班主任上课检查小童的作业，小童完成得很不好，班主任也没好气地批评了几句，没想到小童竟公然在课堂上顶撞老师，班主任下课后生气地找到了李老师，让她好好管管自己的儿子。李老师不是不想管，她也跟小童谈了话，可小童就是觉得班主任"有病"，只知道跟自己对着干。对于学习，李老师也没少给小童请家教，光是学校里的同事，就有好几个都曾经给小童补过课，同事们都觉得他根本没把心思放在学习上，每次上课都是白耽误工夫，上课的老师着急，人家自己不着急。初三年级每一次考试过后，分析成绩的时候，老师们提到小童就是各种无奈，班主任甚至说："就小童一人，给我们班拉下来多少平均分啊，别人再怎么玩儿命，都补不上他的这点贡献！"任课的教师们也纷纷议论："你看李老师平时多风光啊，没少得奖吧，可是作为一个老师，自己家的孩子都管不好，还有什么可骄傲的资本。我要是她，先好好管管自己的儿子，就这成绩，看他以后能有什么出路！"中考的成绩出来了，小童的成绩自然在大家的意料之中，李老师也使出浑身解数，终于把小童留在学校，上了高中。但李老师深知,高中的三年,对她来说绝不轻松。

为"情"所困的小康

人们通常都会认为,大学教授的孩子一定是人中龙凤、出类拔萃,但也不尽然。小康,高三男生,父母作为人才引进学者来到北京,在重点大学任教。升入高三之后,一天,男生小平跑到班主任那里告状,说小康已经不止一次尾随自己,向自己表达爱慕之情,甚至早晨坐在自行车棚等着自己上学。小平明确表示很厌烦这种做法,但小康却不以为然,越发变本加厉。在高三本来就学习紧张的环境下,小平觉得完全无法忍受这样的事情,周围同学也看出了端倪,对小平耻笑不已,这让他本就紧绷着的神经达到了几乎不可控制的状态。班主任老师尽可能安抚他的情绪,随后悄悄找来小康的家长,这样的事情老师也不好意思挑明,只能是旁敲侧击地让这两位大学教授多多关注自己孩子的言行举止。可是小康的父母好像并没有意识到自己孩子的行为有什么问题,在交流中,小康的母亲甚至向老师透露,高考的压力太大,而他的儿子太单纯,18岁的小康竟然还与父亲同睡。她在诉说的时候竟然很庆幸地认为,自己的孩子不叛逆,反而和家长很亲密,对家长非常依赖,对儿子的问题她没有丝毫察觉。

不"拔尖儿"的教师子弟

笔者曾跟一些起始年级的班主任交流过,每到接新班的时候,他们都担心会教到同事的孩子,问及原因,"不好管""成绩一般""怎么管都不是"成为高频词。教师的子弟怎么会成绩一般呢?自古书香门第不都是孕育名家、大家的地方吗?有家长在一旁辅导,这种得天独厚的优势是没有几个同学能够具备的啊!笔者拿自己所在学校两个年级的期中考试成绩做了一个简单的分析对比,据不完全统计,教师子女的平均排名分别在2015级338名学生中排在第206名,在2016级309名学生中排在第107名。这个数据可能并不准确,但多少能够看出,教师的孩子并没有社会上普遍认为的那样优秀。客观地说,成绩真正名列前茅的少,但落在最后面的也不多,多数是成绩平平、中规中矩的学生。《中国教育报》曾经刊登过一篇名为《为什么教师反而教不好自家孩子?》的文章,引起了极大反响,文章说一名专家经过数年的跟踪调查,发现城市里的中小学教师能把自己的孩子培养成优秀人才的并不多，即便是十分优秀的中小学教师，他们的子女成为杰出人才的比例大大低于其他知识分子。作者得出一个结论，城市的中小学教师带给子女的优势不多，跟农村的中小学教师相比，他们的子女往往不能从自己的教师父母那儿获得多少优质的教育资源。有人还说，不仅是现在如此，就是旧时的私塾先生也鲜有把自己的孩子培养成才的。

教师的孩子怎么了？

教师的孩子怎么了？我们不禁发问。我想任何孩子身上的问题，都应该从父母身上找答案，毕竟父母才是子女的第一任教师。

优秀教师父母要求高

首先，越优秀的教师对自己的孩子要求越高，他们见过的好学生太多，自家的孩子再优秀都称不上优秀，可是自家孩子身上一点点的问题，都会让他们瞬间回忆到之前某个问题学生，在优秀的老师眼中，自家孩子身上的缺点，就是那颗最不能容忍的眼睛里的沙子。小伟，全国重点大学知名教授的孩子，以"共建生"的身份进入某高中，成绩自然不会是班级中的佼佼者，但在普通班里也不至于落后，就是在中游水平。一天上课的过程中，小伟突然大哭不已，鼻涕眼泪横流，老师和同学都吓了一跳，怎么劝也劝不好，课堂教学也被迫中断了好几分钟，终于下课了，老师赶忙关切地询问小伟痛哭的原因。小伟泣不成声地说，身为教授的父亲在周末与他长谈，说吃得苦中苦，方为人上人，父亲反思自己当年的求学经历，那就是在题海里面遨游奋战。教授父亲恨铁不成钢，说自己当年顶着省里状元的头衔、作为村里第一个大学生来到北京，给小伟创造了这么好的条件，竟然才得到年级中下游的成绩，丢的简直不是一个人的脸。作为一个知名的教授，怎么就能养出这样一个儿子。同是教授的母亲也在边上以泪洗面，感叹儿子成绩不尽如人意。小伟在父母的双重压力下，狂奔到书店，一次买了十几本练习题，决心像父母要求的那样，决战题海。望着儿子带回来厚厚的一摞练习册，"教授父母"才露出了难得一见的笑容。一连三天整夜刷题不睡觉的日子，让小伟上课的时候再也顶不住了，他突然崩溃，大哭自己做不到，实在太累了。放学后，班主任老师赶忙请来了小伟的父母，跟他们沟通,希望他们能够客观评价自己的孩子,看到他的努力,认可他的进步,帮助他制定切实可行的目标,保护孩子的身心健康,维护孩子学习的兴趣。"教授父母"边听边面露难色,最终表示尽量改变教育方式,与学校积极配合。但是最后,小伟的父母还是向班主任表示,小伟的功夫下得还是不够,最起码也得进入年级前五十名。班主任内心一震,这是一所北京市的示范高中校,小伟以"共建生"的身份来到学校,其入学时候的中考成绩在年级处于倒数的位置。何况,小伟天资并不十分聪慧,在这样一个人才济济的年级,他能够通过自己的不断努力和勤奋学习达到中上等的水平已经是实属不易了。班主任着实感受到了小伟的不易,但再一看他父母坚定的眼神和不容置疑的话语,老师只好勉强应和,但心里真是替小伟捏了把汗。

疲于奔命的教师

教师,特别是小学教师和中学的班主任,绝大多数处于中青年阶段,是学校的主力,家里上有老下有小,又是家庭的顶梁柱,在工作中他们被各种琐碎繁杂的事情包围着,回到家后能用到自己子女身上的时间是少之又少。以海淀区的小学老师为例,为了便于管理低年龄段的孩子,学校都会要求全体老师"坐班"。在这期间,老师必须在学校里面,不得随意外出。一般来说,小学老师要在早上7:30进入班级,开始迎接学生,维持早读纪律。之后,便开始了一天的教学工作。通常来说,小学主科老师的工作量都在每周15节左右,副科老师和体育老师甚至达到20多节。这样核算下来,老师每天授课在3~5节,除此之外还要批改学生作业,以一个班级40名学生,批改一本作业用一分钟计算,教师每天用于批改作业的时间会超过一个小时。午休的时候,教师们更是纷纷"上岗",有的学科的老师在辅导答疑,有的老师要进入班级管理学生就餐和午休。一天的时间还要穿插各种备课、听课、评课的活动,还要应付各类非教学活动检查,如果遇到了突发事件,比如学生受伤、生病,还要第一时间处理,跟家长联系,甚至跑医院。除此之外,与各类家长沟通,告知其孩子在校表现,与问题学生谈心、进行疏导等,都是每日工作的常态。这还不算每个学期都要进行的各种教育教学技能比赛,好不容易熬到放学,还有课后一小时的管理,总算看到孩子们安全离校,老师们还要开会、辅导各种团队训练,能在5

点半之前离开学校的老师绝对是少数。这样粗略算来，教师们一天要在学校里工作十个小时。下班之后，拖着疲惫的身体还要准备第二天的教案，在面对自己子女的时候，很难有那样多的耐心和良好的心态。

　　金老师，海淀区骨干教师，校级优秀班主任，让大家想象不到的是，她竟然是自己儿子班主任的常客，班主任请她可不是交流经验，而是告状。金老师的儿子刚进入小学不久，就因为不服管教屡屡被班主任教训、罚站，请家长已经是常事了。金老师每每倾心工作的时候，最怕的就是看到桌上电话显示出的那一串熟悉的数字，她知道自己的儿子又闯祸了。她不是不懂得新的教育理念，在平时管理学生的时候她也会平心静气、不急不躁。可是当管教的对象换成自己的亲儿子时，所有的教育理念和教育艺术就都被抛到了九霄云外。据她回忆，因为她工作太忙，孩子从小跟奶奶长大，越大越发现儿子身上的毛病是自己容忍不了的。第一次还能讲讲道理，第二次就没了耐心，觉得这道理我都说过了，你怎么就做不到？再之后就是这道理你又不是不懂，你凭什么就做不到？金老师自己也曾经无奈地说，她把耐心都给了学生，到了儿子那里就只剩下简单粗暴了。每次接到班主任邀请面谈的电话，她总是在下班后匆匆赶过去，心中压着怒火，恨不得见了面就给儿子一个耳光。强忍着跟老师沟通完之后，回到家里，儿子得到的就是一阵暴风骤雨般的暴揍。揍完以后，金老师也心疼，她曾经无奈地表示，精力太有限了，自己的儿子太不懂事了，只能靠这种省时省力的办法管理了。可效果如何？一次不如一次。金老师已经开始抵触儿子班主任的电话了，甚至希望熬到小学中年级赶快换个老师吧，也许那时候的老师能有颗包容的心，而自己的儿子那会儿能成熟起来，少惹麻烦。对于自己的教育方式，她仿佛没时间深思了。从心理资本理论来看，积极的心理状态包括希望、自我效能感（自信）、乐观、积极归因、自我恢复力等，是个体在特定的情境下对待任务、绩效和成功的一种积极状态。而积极的心理状态能够导致积极的组织行为，对个体的认知过程、工作满意感和绩效都会产生显著的影响。而被大量事务性工作困扰、难以脱身的教师，又有几人能拥有这种积极的心理状态呢？在脱去疲惫的外衣，回到家里的时候，也是他们情绪迫切需要得到释放的时候，而他们的子女就成了各种消极情绪理所当然的发泄口，成了受伤最深的人。

角色冲突的教师父母

教师、家长的角色冲突也让很多"师二代"叫苦不迭。小言,高二男生,为人质朴、待人宽厚,在班里担任卫生委员,学习上认认真真,工作中勤勤恳恳,在班里人缘极佳,甚至有点儿"老好人"的味道。一次班干部例会过后,小言迟迟不肯走,等到大家都离开了,小言找到班主任,吞吞吐吐地说希望聊一聊。这一聊不要紧,这位平时看上去阳光豁达的男生却失声痛哭,矛盾的起源就是他那位强势的妈妈。小言的妈妈是一位优秀的职业学校的老师,也是常年的班主任,她在工作中一丝不苟,把全部的爱和耐心都给了学生。职业学校的学生相对来说不太好管理,这就要求她事无巨细而且要威严,一句话,学生们对这位老师是又怕又爱。而小言妈妈的微信朋友圈最常发的就是自己学生在各种职业技能大赛上获奖的照片以及学生所取得的点滴进步。辛苦一天回到家里,小言妈妈却还有着单位的惯性,那就是说一不二。在家里,任何事情都是小言妈妈做主,小言和小言的爸爸只有逆来顺受的份儿,稍有不满,就是一阵疾风骤雨式的家庭大战。从小,小言就是在妈妈的威严下长大的,这也就造就了他略微软弱的性格。可是随着年龄的增长,小言突然发现自己不会对周围的同学说"不",即使有的时候他明明很不愿意,却不得不赔着笑脸勉强答应。他觉得这样的生活太累了,而回到家里更是如此。不仅这样,他痛苦地发现,自己的父亲,这个本来应该在家里顶天立地的男人却也如自己一般软弱,他把一切问题和自己性格上的缺陷都归结于妈妈的强势。在家里,妈妈的口头语就是:"你们别说了,我说的就是对的。"这种家庭矛盾愈演愈烈,直到父亲被查出尿毒症,小言憋在心里的怒气终于挣脱了束缚。他认为,父亲的重病就是长期压抑的结果,而作为家里唯一健康的男子汉,他必须站出来,和妈妈宣战,为自己更为爸爸争得一片天空。从那开始,他便与妈妈为敌,任何事情都唱反调,只有在各种不服从甚至叛逆的过程中,他才能够得到一丝宽慰,尤其是看到妈妈气急败坏的样子,他才感觉到了在家中的尊严。这绝不是个案,很多"师二代"都表示,本应该慈爱、包容的爸爸妈妈回到家后,还是课堂上的样子,威严、刻板、一本正经、不容侵犯,这是教师角色冲突的一种体现。

从社会学的角度看,教师既是一种以传递文明、施行教化、造就人才为宗旨的专门职业，也是角色冲突情景最多的一种职业，在急剧的社会转型期，受社会变革与教育变革的双重压力，教师的角色冲突也日趋激烈。在教师角色规范的程度上，有规定型角色与开放型角色的冲突。规定型角色是指社会对某些角色在权利、义务、思想、言行等方面有明确的规定，充当这类角色的人要受到角色规范的严格制约。而开放型角色则没有严格的角色规范要求，角色承担者可以根据自己对角色的理解而自由活动，显然，教师是一种规定型角色。此外，很多教师回到家之后，本来应该扮演慈善的父母的角色，却往往不能立即入戏，还是端着个架子，说教偏多。这是由于教师角色责任的弥散性造成的，这种弥散性和模糊性是教师感到冲突和紧张的根源。日本学者佐藤学说："医生的工作是通过治愈一种疾病而告终结，律师的工作是随着一个案件的结案而终结，教师的工作则并不通过一个单元的教学就宣告结束。教师的工作无论在时间、空间上都具有连续不断扩张的性质，具有'无边界性'的特征。"20世纪60年代以来，关于教师角色冲突问题的研究，在国外受到了重视。韦斯特伍德曾将"模型变量"用于分析教师角色，并指出："来自模型变量的困境，在教师角色中比在其他大多数职业角色中更加突出。"威尔逊从教师的角色责任、角色定式、角色所在机构的特征、角色价值观的转变等不同方面论述了教师角色冲突的可能性，他认为："所有对他人高度负责的角色都要经受相当多的内在冲突。"这就造成了很多教师带着工作的惯性回到家中，对待家人尤其是子女还停留在教师角色扮演过程中的结果。

结语

谈到教师，每一个人心中都会浮现出那一个个令人尊敬的优秀教师的身影，是他们为了我们辛勤付出，传道、授业、解惑。而教师也被喻为太阳底下最光辉的职业。看着自己的学生一天天从青涩走向成熟，变为有理想、有担当的一代青年，是教师们最引以为荣的时刻。但是，教师们还会有另外一种角色——父母，家庭教育在任何一个孩子成长的过程中都会起到最重要且无可替代的作用，而坐拥各种先进教育理念和数年实践经验的老师们，当之无愧地应该成为整个社会中最"出色"的父母。希望通过本文的撰写，能够让越来越多的人关心教师以及教师子女这个群体，同时也希望更多的教师能够腾出一部分时间与精力,好好呵护自己的孩子。

思考题

1. 谈谈"师二代"问题的主要原因。
2. 分析影响"师二代"的问题中,可以运用到什么样的理论?

推荐阅读

[1](美)马斯洛,成明. 马斯洛人本哲学[M]. 北京:九州出版社,2003.

[2]胡万钟. 从马斯洛的需求理论谈人的价值和自我价值[J]. 南京社会科学,2000(06):25-29.

[3]王雁飞,朱瑜. 心理资本理论与相关研究进展[J]. 外国经济与管理,2007(05):32-39.

[4]董泽芳. 论教师的角色冲突与调适[J]. 湖北社会科学,2010(01):167-171.

[5]杨秀玉,孙启林. 教师的角色冲突与职业倦怠研究[J]. 外国教育研究,2004(09):10-13.

[6]佐藤学. 课程与教师[M]. 北京:教育科学出版社,2003.

[7]瞿葆奎. 教育学文集:(第12卷)[M]. 北京:人民教育出版社,1991.

案例六　为学生找到自信之泉[①]

周甲（化名）性格懦弱，自信心不足，因成绩不好和同学的取笑而引发与家长的矛盾及学习的退步，教师创设多种情境帮助学生找回自信，平息家庭矛盾。

主题词：心理健康　自信

学生基本情况：周甲（化名），男，17岁，高二年级学生。

家庭情况：

该生家庭总体情况较好，父母感情和谐，工作稳定，望子成龙。由于父母工作繁忙，一直把孩子交给长辈带，双方老人对这个男孩儿百般溺爱，上小学后父母感到在培养孩子的自主能力及自我管理方面已经力不从心。

学生情况：

成绩一般，以择校生的身份进入北京市某示范高中校，曾在小学学习过萨克斯，并有希望入选校管弦乐队。

个性特征：性格内向，憨厚，懦弱。

1. 心理性格方面有缺陷。总体来讲，他性格懦弱，从小就不爱与别人竞争，总是眼光向下看，盲目地自我满足。表现在学习上就是对知识的掌握不求甚解，得过且过，从而养成了很

[①] 刘芳参与本案例编写。

顽固的惰性。

2. 自信心严重缺乏，不爱参加集体活动，遇事总采取逃避态度。

3. 在人际关系中处于劣势，总以弱者形象出现，因为其名字中有个"甲"字，一些学生就给其起外号叫作"鳖哥"，他不愿意接受，但是又从不反抗。

4. 高中以来，学习成绩一直滑坡，高二上学期期中考试成绩在年级后50名。

案例经过：

2005年年底，在家长会上与其家长简短交谈之后，班主任收到一封他妈妈写来的信。家长感觉到在教育培养方面存在很多问题，也十分苦恼，经常因为孩子的成绩落泪。家长在信中说："我能做的、能说的、能花钱的都已经做到了，可是还没有成效。我感到伤心的同时还觉得无奈，曾经有好几次都想放弃他了，但作为母亲的责任心使我不得不强撑下去，还得鼓励和督促他。"

措施1：班主任看到这封信之后，当天就与家长取得了联系，共同分析该生在学习上的惰性，并开始制定方案。班主任安排了一个同学把每天老师留的作业写成纸条，并注上各项作业的要求，由周甲带给他的妈妈。其家长回家以后负责监督，帮助其安排每天的作息时间。

成果1：此后的一段时间，该生能够按时保质保量完成各科作业，并加进了一些预习的内容，感到上课听讲比以前省力了。

启发1：美国斯坦福大学心理学家卡罗尔·德韦克认为：心理定向就是一种信念，即认为自己的能力、成就是先天决定或是自主努力的结果的信念。他将心理定向分为固定型心理定向和成长型心理定向。所谓固定型心理定向是指相信我们的能力，包括我们的智商、身体技能、个性以及人际关系技巧，从本质上是设定好的，坚若磐石，无法真正改变。这样的定向会使我们要么富有才华和天赋，在学习、工作、人际关系中会很成功；要么永远有缺陷，注定要失败。相比之下，成长型心理定向是相信我们的能力可以锻造，能力在我们的一生中不断改变，我们有一些与生俱来的能力，但这只是起点。为了走向成功，我们必须运用自己的能力，花费时间，并且为之付出努力。

作为班主任，应该相信成长型心理定向的相关理论，相信学生的能力是可以通过时间的投入与不断的努力而日趋完善的，也可以从这一点出发，给予学生切实可行的帮助，让学生认清自己，发现自己的点滴进步，从而发生转变。

2005年12月最后的几天，周甲的妈妈来学校找到班主任，说头天晚上她在督促周甲学习时与他发生了冲突。该生一时激动，对着他的妈妈破口说了一句脏话，这是从来没有过的事情。之后家长也非常激动，当时就痛哭流涕，该生看到后，狠狠给了自己一个耳光，之后便给班主任写了一封信。次日从周甲妈妈那里看到了此信。信的题目是《人格上的又一次失败》。该生在信中写道："意志、忠孝、诚实是组成人格的三个板块。我对我如何在这个时刻走上正道，把成绩提升上去是胆怯的、茫然的，我已经尽量克服困难，每天早晚抽出时间背书，虽说效率不高，但毕竟一直坚持着。我觉得她（妈妈）这么说我，否定了现在唯一能安慰我的东西，所以我破口大骂。我知道我伤透了她的心。忠孝，这块人格的阵地我又丢失了。"该生认为他在学校和家里都无法找到自信，并且说如果再无法转到学习的正轨上来的话，就没脸继续学下去了。他给班主任写这封信的目的，就是希望能帮助他传递此时此刻的心情，因为他实在不敢面对瞧不起他的父母。

措施2：从这封信中班主任分析认为该生属于严重的自卑，有一种自己觉得低人一等的惭愧、羞怯、畏缩，甚至灰心的复杂情感。有自卑感的人，轻视自己，认为无法赶上别人。自卑是人生最大的障碍，每个人都必须成功跨越才能到达人生的巅峰。所以老师认为她工作的突破口就是帮助该生树立自信。她与家长进行了长谈，让家长说出周甲的优势和特长，在家长讲述其孩子特长的过程中，她也引导家长要正确地评价自己的孩子，不要只重视分数，可以在家庭生活中对他的优秀品质进行表扬。

启发2：自卑感（inferiority feeling）是指一种自己觉得低人一等的惭愧、羞怯、畏缩，甚至灰心的复杂情感，是自我评价的重要体现。自卑感的形成是个体的主客观因素交互作用的结果。由个体的生理状况、能力、个性特征、价值倾向、自我观念等所导致的自卑感，称为主体自卑感。有自卑感的人对自己所具备的条件及行为表现感到不满，对自我的存在价值感到缺乏重要性，对环境生活的应付缺乏安全感，对自己想做的事不敢肯定。过度的自卑感还会使人脱离现实，造成生活适应困难，阻碍人格的健康发展。中学阶段，学生一方面要面对自己身体的成长，一方面又要开始初步进入社会，与老师、同学交往，从而逐步向一个真正的"社会人"的角色转变，在这个过程中必然会面临各种挑战，帮助学生接纳自我、战胜自卑感是每一位教师，尤其是班主任工作的重中之重。

措施3：周甲很不喜欢别人叫他"鳖哥"的外号，可自己又懦弱，不敢反抗。而班主任想到如果只是跟其他学生说不许再叫这种侮辱人的外号，可能并不会起多大的效果，学生还是会在心里看不起他，认为他只会把这种事情告诉老师，这对他也是一种伤害。考虑过后，在一个特定的时候，老师讲到了中国的天干地支，在说到"甲"字的时候，她叫起了周甲，让他讲讲自己名字的含义。当学生听到他是家族里的第一个孩子，家长对他寄予厚望，希望他处处领先的时候，突然间很安静。在这个时候，教师对学生进行了尊重他人的教育，收到了很好的效果。

启发3：积极心理治疗是由诺斯拉特·佩塞施基安1969年在德国开设自己的心理诊所之后，逐渐形成的心理治疗思想。与从疾病出发、把患者看成是疾病载体的传统的心理治疗有所不同，积极心理治疗从人的发展的可能性和能力出发，强调每个人天赋的潜能在解决心理问题中的重要性。

积极教育的核心价值观表现为：所有人不论年龄和生活状况，都能学习和成功；持续的创造性的方法要能打开一个人的心智；家庭、学校、专业人员、环境和年长的人整合起来为当代和未来的学生提供支持；重视和尊重人的文化遗传、年龄、生活情景、信仰和个人的特点。

积极心理健康教育观认为，人人都有积极的心理潜能，都有自我向上的成长能力。因此，积极心理健康教育将重点放在培养学生内在积极心理品质和开发心理潜能上，如积极的思维品质、积极的情绪情感体验、积极习惯的养成、积极人格的塑造、积极认知方式的形成、积极意志品质的磨炼、积极心态的调整、积极组织与积极关系的建立等。具体来说，包括培养真诚、忠诚、坦诚、诚实、正直、仗义、率真、信用、自信心、自制力、情绪控制能力、情绪调节能力、认识自己、客观地评价自己、有效地管理自己的能力、心理承受能力、环境适应能力、人际交往能力、人际吸引力等积极心理品质和各种智力潜能和非智力潜能的开发。

措施4：为了给他恢复自信，让周甲在同学中能够抬起头来做人，班主任决定从他会吹萨克斯这点作为突破口。新年联欢会的头一天，教师找到他问他是否会吹萨克斯，他不好意思地点点头。后来班主任又问："如果给你几天的时间，能不能练好一个拿手的曲目？"他不好意思地瞅了一眼老师，迟疑地说，应该没问题吧。教师又进一步问："那如果时间缩短，一天成不成？"班主任并没有给他回答的时间又接着说："今天回家练习，明天能不能出节目？"他一下子愣住了，一劲儿地摇头。"可老师相信你的能力，今天晚上老师批准你回家专心练习萨克斯，不用做作业了。明天的节目数量有限，老师希望看到你的节目登场。"放学后班主任与他的家长立即联系，希望他们能够配合做好他那晚的排练工作。之后班主任并没有跟任何一个学生说他要出节目的事情，而是在联欢会开始前才跟主持人提出加上周甲的节目。轮到他表演的时候，老师特意安排两个平时爱嘲笑他的学生帮助他拿乐器、举谱子。他有点儿紧张，但是却出色地吹奏了一首难度极高的曲子，在这个过程中教师发现班里学生的目光都集中在了他的身上，有些孩子还不自觉地打起了拍子。一曲终了，全体学生给予他最热烈的掌声，而一个曾经捉弄过他的学生竟然说："甲哥，你太了不起了，没想到你还有这本事呢！"这不自觉的"鳖哥"变"甲哥"已经能看出学生们对他的态度转变了。而后班主任又适时适度地对他进行了表扬，并向全班介绍了他学习萨克斯的经历，他的脸上终于出现了久违的笑容。

启发4：中学时期的学生往往更加在意周围同伴的评价与认可，他们也有着非常强烈的自我表现欲望，教师要善于观察学生，找到他们的优势和闪光点，并且适时适度地为他们搭建展现自我的舞台。著名的心理学家特尔曼在对一千多名儿童进行了长达数十年的跟踪研究后发现：成就最大者和最小者在智力方面并没有明显的差异，而造成成就差异的根本因素是心理。获得较大成就者往往有着明确的奋斗目标，有着很强的进取心、自信心，不怕困难，勇于面对挫折，做事能够持之以恒。与之对比，成就较小的人最明显的一个特征就是缺乏自信。

正如"皮格玛利翁效应"告诉我们的：赞美、信任和期待具有一种能量，它能改变人的行为，当一个人获得另一个人的信任和赞美时，他便感觉获得了社会支持，从而增强了自我价值，变得自信、自尊，获得一种积极向上的动力，并尽力达到对方的期待，以避免对方失望，从而维持这种社会支持的连续性。所以，班主任在相信他有可能改变的前提下，还要让学生也相信自己的改变是有可能性的。教师应该通过多种层次与程度的赞美，让学生意识到自己的闪光点，从而愿意为之付出努力，最终取得进步。

初步结果：

通过以上几方面的努力，该生已经有了些进步，与同学关系改善了，自信心大增，学习很努力，在之后的期末考试中较原来进步了 50 名，并在政治会考中取得了优的好成绩。2007 年高考，周甲同学以 506 分的成绩考上了自己理想的本科，并进入了喜欢的专业。

近期反馈：

转眼间高中毕业八年了，周甲同学在央企任职，工作稳定，深得领导信任。他特意回校看望高中阶段的班主任，对在当年那段最灰暗的时刻得到的支持表示感谢。他认为，高中阶段是他最难以割舍的一段记忆，有泪水也有欢笑，伴随着他从自卑走向自信，从青涩步入成熟，值得终生珍藏。

结语：

笔者认为，教育的目标就是培养精神上强大的人和心理健康的人，不论一个人有多么优秀的天资或者多么优异的成绩，心理的健康，尤其是自信仍是保证他成功的必要条件。作为一名班主任，如果能够在学生最低落和自卑的时候帮助他们认识自我、接纳自我、欣赏自我，帮助他们找到自信的动力源，无异于给了学生一口不断涌现自信"泉水"的成功之泉，相信这也是教师在学校能够给予学生的最宝贵的、受用终生的礼物。

思考题

1. 从教育心理学角度看，为什么孩子在校与在家会迥然不同呢？
2. 培养责任心对于青少年阶段的学生来讲更容易树立自信心，教师如何转变教育观念和行为来影响学生？

推荐阅读

[1] 吴丽珍. 成长型心理评价模式在教师评价中的应用[J]. 中小学心理健康教育, 2013(08):46-47.

[2] 黄曼娜. 中学生自卑感的特点及其克服[J]. 心理发展与教育, 1999(04):40-44.

[3] N·佩塞施基安. 积极心理治疗——一种新方法的理论与实践[M]. 北京:社会科学文献出版社, 2004.

[4] 任俊. 西方积极教育思想探析[J]. 外国教育研究, 2006(5).

[5] 樊晓薇. 不忘初心, 幸福前行——谈"积极心理学"在班主任工作中的应用[J]. 华夏教师, 2015(02):30-31.

案例七 "作业神器"能帮到我吗?[①]

案例正文

春节期间,家住湖南长沙的表弟康康来北京过年。大家团聚一起,康康的姑妈与笔者说起康康的学习,初中二年级的他成绩一直不好,做作业的速度一直很慢。但最近,却意外地发现,无论布置什么样的作业,他都能很快地把题目做出来,寒假的两本作业在两天时间里就全部写完了。"难道是成绩进步了?但也不可能一下就好到这个程度吧?"他姑妈感到不可思议,便询问康康写作业的"秘密",这才得知竟是"作业神器"帮的忙。

一、康康的疑问

据康康介绍,只要用手机下载一个 APP 软件,把作业题拍照上传,就可以检索到答案。竟然还有这种软件,而且康康说他同学都在用。他姑妈对"作业神器"的出现充满了担忧。带着这样的担忧,他姑妈到邻居周先生家进行走访,周先生的女儿正在读小学五年级,据周先生讲他女儿也使用"作业神器",

---

[①] 潘洁参与本案例编写。

问他对此何态度，周先生说：他反对"作业神器"，担心孩子将软件作为抄作业的捷径。"孩子要是习惯了抄答案，那还得了？就怕这种软件长期用下去，孩子会丧失独立思考能力。""正确答案、解题步骤一目了然，我就怕孩子想也不想，就把答案照搬到作业本上，那老师布置作业还有什么意义？"

正月初四那天康康、康康姑妈及笔者三人一起聊天，因为康康是同辈中最小的而又在上中学，话题自然转到康康的学习上，特别聊到了"作业神器"。据康康讲，走红的"作业神器"具有移动搜索APP拍题功能，主要集中在数理化习题的解答上，从小学到高中的题目大部分都能找到答案。使用方法也非常简单，学生只要将作业拍照之后上传网络，就可以通过网络上的"学霸"或"在线教师"得到答案，甚至还可以从数以万计的题库中搜出该题目的解题步骤，完成一道复杂的数学题只要几分钟时间。康康当着我们的面用手机在百度搜索框内键入"作业神器"关键字，出现大量的作业类APP，诸如作业帮、学霸君、问他作业等等，这些APP下载量动辄达到几万甚至几十万次，风靡程度可见一斑。宣传口号拉风又魅惑——"天下没有解不了的试题""千万试题秒速求解"。这样的宣传确实很能吸引成绩不好者用其来应付大量的作业题，以求老师审阅过关。为验证其神效，我在初中的数学题中选了一道较为复杂的题目，要康康当场做，但他苦思冥想就是做不出来，后来使用"作业神器"不到一分钟，就出现了解题过程及答案，其速度之快令人称奇。在"作业神器"解题过程的基础上，我们要求康康按要求复述，但他还是不得要领，知其然而不知其所以然。

我们进入了智能时代，有了大数据、云计算、APP以及各种助学软件，人类思考的机会越来越少。正如作业类APP，直接适应了学生的要求，一经推出就迅速风靡。开发者虽然有着比较美好的愿景，想通过整合教育资源，帮助学生解答疑难题目，让教师、"学霸"资源得到更充分的利用，但却无奈地发现，作业类APP已经成为学生们偷懒的帮凶。因此，作业类APP非常容易沦为学生变相抄作业和作弊的工具，长此以往，肯定会降低学生独立思考的能力。目前作业类APP带来的那点便利，尚不足以弥补其带来的潜在问题，开发者仍需要在制度、文化上进行深度思考。

笔者就"作业神器"能否帮助提高成绩和解题能力与康康进行了交谈。康康说:"作业神器"对于成绩本来就好的人来说,确实是个好帮手,因为他们成绩好并不会完全抄作业,而是把它当成一种学习工具来使用,同时它给出的解题思路对他们也有启发,省了很多时间,让他们可以有更多的时间去做自己想做的事。但对于像我这样学习不好的学生,对解题过程看不懂,借助于"神器"暂时把答案抄上去,只能是应付老师、蒙骗自己,因为到考试的时候,是不能用"作业神器"来答题的,更何况,"作业神器"有的答案还是错的,我是不得已而为之的。

笔者问:"'作业神器'也有错误的?"康康肯定地回答说:"确实有错误,有一次数学老师在黑板上出了一道题,要求学生上黑板解答出来,我当即举手示意会做,因为这道题我头一天晚上在'作业神器'帮助下做过,了解了其解题步骤及答案,因此有信心做出这道题。题做出来了,老师在肯定我积极主动的同时,指出了答题的错误。我本来想改变老师和同学对我学习不好的印象,没想到适得其反。"

笔者问康康:"你说使用'作业神器'是不得已而为之,原因是什么?"康康沉默了一阵后说出了原因:他成绩不好,老师和同学都不喜欢他,在学校他朋友很少,同学们都不太愿和他讲话,感觉很孤独。不会做的题也不敢去问老师,父母知识有限也无力辅导,因此只能借助于"作业神器"完成作业。

听康康讲完后我也陷入了沉思,对于像康康这种学习成绩不好、在学校缺乏认同感的学生来说,"作业神器"到底能不能帮助他们?

二、老师的态度

同时为了弄清老师、家长及学生们对于使用"作业神器"的态度,笔者先后进行了系列走访调查活动。

北京的3月,春寒料峭。中小学开学后,笔者回到了久别的母校,置身于熟悉的校园,闻着草木散发的气息,看着充满朝气的学生,仿佛又回到了天真烂漫的中学时代,像久别的游子回到母亲的怀抱一样,又高兴又激动。笔者先见到了苏老师,一阵寒暄后,转入正题与苏老师聊起"作业神器",苏老师告诉笔者"作业神器"并不陌生,不少家长都向她反映过,她觉得要辩证地看待这种现象。一方面,学生求助于"猿题库""学霸君""作业帮"等手机软件来完成作业，说明他们已经学会有效使用身边的工具和资源。遇到不会的题目向网络求助也是学习的一种方式。学生可以借助于"作业神器"研究做题思路，触类旁通，达到举一反三的效果。总体来说，这个软件对于学习好的孩子是有一定益处的。但任何事物都是一分为二的，"作业神器"就像一把双刃剑，用得好就会帮助自己，用得不好就会伤到自己。手机软件只是工具而已，过度使用会导致孩子注意力不集中，甚至养成懒惰、抄袭的坏习惯。特别是对于那些学习不好的同学，仅仅会把答案抄上去，不进行思考，显然不利于他们的学习。苏老师举例说：以暑假作业为例，暑假作业本意是提供一个让学生查漏补缺的机会，但个别学生使用作业神器等软件，可能就会失去原本答题的意义。软件固然可以提供一个答案，但是不能给予学生通过独立思考来解决难题的一个过程。再则长期被手机声音画面刺激，不仅会令孩子视力下降，也会使孩子在课堂上注意力分散，从而导致学习效率不高，长期下去会耽误学业。针对这一现象，苏老师提出两点建议：第一，家长要引导孩子合理使用"作业神器"，不仅要控制孩子使用"作业神器"的频率和时间，还要引导孩子正确使用"作业神器"，避免其成为抄袭工具。第二，学生要养成良好的学习习惯。心理学研究表明：如果一个行为每天都在做，那么21天到3个月这种行为就会形成习惯，所以学生的十几年学习会形成一定的习惯，这些习惯不是好习惯就是坏习惯。比如，对于不会的题，不是养成抄作业的习惯就是养成独立思考解决问题的习惯，这就会出现两种截然不同的学习效果。当学生养成好的学习习惯、建立起学习信心后，就会调动自主学习的积极性。据调查，主动学习比被动学习效率高2~3倍，调动青春期孩子主动学习的积极性更是老师和家长要做好的最关键的一件事。学校老师和家长要引导学生养成良好的学习习惯，把"作业神器"作为一个解惑渠道，而不是一味图省事简单抄袭。同时，苏老师还表示，目前流行的"作业神器"，正确率并不高，很容易误导学生，并且会让学生产生惰性，不建议学生经常使用。

随后笔者拜见了冯老师，冯老师教授初中历史，有十几年的教学经验。他表示，如今很多教学类网站或软件都提供在线解题服务。有的网上学校设有问答区，学生把问题贴上去，会有在线的老师给你答案。

冯老师说，学生之所以会选择通过网络提问的方式，原因之一是因为在学校可能放不开，很多学生面对老师还是比较有压力的，觉得这个问题这么简单，老师会不会觉得我没好好听课，或者我老听不懂，老师会不会不耐烦，问同学，同学会不会瞧不起我，等等，产生一些心理上的问题。冯老师说，如果他用远程的方式问问题，对方给他解答是为了得到积分、奖赏，甚至是付费的，他就会觉得他们详细回答我是应该的，我可以想问什么就问什么，也不会有人瞧不起我，心理负担自然就小了。另外的原因就是这种方式确实比较方便，不少学生在家里写作业的时候，没办法问老师、同学，很多理科题在课本上也查不到，而在网上提问或者直接搜索就非常方便了。冯老师表示，对于学生使用网络或软件来解决问题，他个人并不是太支持。冯老师说：不排除有一些成绩不错的学生，也会通过网络来提问或找答案，他们的初衷可能是想更好地理解问题，但是会主动学习的学生毕竟还是少数，更多的学生使用这种软件的原因还是想应付作业，或者偷个懒。我个人还是不建议学生采用这种方式来做作业，毕竟完成作业不是最终目的，学到知识才是目的，通过这种途径能学到的知识很有限，老师在课堂上当面讲课都听不懂，更别说单看答案或者视频了，家长还是应当鼓励孩子多向老师提问，多与同学交流。

随后笔者又访问了语文教师沈老师，她说在语文基础知识方面，这类软件确实可以成为学生的在线辅导工具，作用类似于字典，方便快捷、容量丰富。但是对于更高级一些的阅读理解，软件上的答案还不能达到鉴赏的标准。它最大的问题是难以体现语文阅读理解的思考过程，因此学生不能过分依赖，将其当成唯一的学习手段，相反，在参考答案的同时更要有自己独立的见解和思考，不能盲信盲从。

对于沈老师的观点，姚老师也表示赞同。她认为这类"作业神器"作为一种新生事物有它有利的一面，有的时候孩子在用软件在线求助的过程中就能够获得解题方法，这未尝不是一个高效学习的好途径。而对于家长们的"变相抄答案"的担忧，姚老师表示，作业是不是抄袭的，我们一眼就能看出来。姚老师坦言，给学生布置作业是为巩固已学知识，学生不思考直接"抄答案"，不仅无法锻炼自己的思维能力、巩固所学，而且让老师失望。家长们应当教孩子正确使用这类软件，让孩子理解软件的真正用途。

拜见初中数学高级教师吕老师时，吕老师分析说，无论过去出现的"作业写手"，还是如今升级的"作业神器"，"这些作业速成工具的出现，都与应试教育追求分数的现状密切相关"。

在她看来，部分学生对这类软件形成依赖，一方面是源于当前的教育评价方式，仍着眼于试卷上的分数，继而让学生们只关注答案的对错，而对学习失去钻研的热情。一些学生做作业如同应付老师和家长，于是，他们宁愿花钱求答案，也不愿花时间思考。为此，吕老师呼吁，学校布置作业"宜精不宜多"，考试出题"宜灵活不宜刁钻"，让学生的关注点回到知识本身，而不是做题的对错、分数的高低上。

三、学生的态度

走访几位老师后，笔者对同一班级的32名学生进行了问卷调查，想了解他们使用作业类APP的情况。其中听说过作业类APP的学生有30人，没听说过的仅有2名学生。使用过作业类APP的有25人，7人没有使用过。有10名学生会直接使用作业类APP抄袭作业，而有22名学生表示没有使用过作业类APP抄袭作业。在32名学生里，有19名学生明确表示支持作业类APP的存在，有4名学生表示不支持，而有9名学生选择保持中立。笔者又随机访谈了几位学生，其中张同学表示，他半年前就接触过这个软件，自己在家写作业的时候，常常会使用。"我主要都是用来做数学作业，数学成绩本来就差，遇到不会的题也没办法查课本，以前都是空着，等第二天老师讲的时候再补上，可是有时候后面大题有好几个不会的，看起来像没写作业一样，"张同学很无奈地说，"后来知道这个软件，我就拍照上传，一晚上总会有人给出答案，这样作业不至于空出太多的题。"我问张同学，你认为使用"作业神器"与抄袭作业有区别吗？张同学一脸真诚地对我说，使用这个软件跟单纯抄作业还是有区别的。以前抄作业也不看题目，拿过来比着就抄，现在把题传上去，别人给出答案，自己也会看上几遍，有的题看到解题过程就会明白很多。张同学说，自己觉得这种形式很有意思，所以也很愿意看别人给出的解答。他举例说：有一次我问的一个题，两个人给出了不同的解答，结果他们两个在下面讨论了起来，我看他们讨论，也参与进去，不知不觉明白了好几个知识点。

王同学对笔者说，她偶尔会使用"作业神器"，不过频率不高。她说，使用这类软件是为了获得即时的指导。她认为，有时候在家做题"卡壳"了，父母也不会，这时去软件上寻求答案也是获取思路的一种方式。一般只有遇到难题时才会参考。她说她曾问过几道数学题和英语题，不过只能应付一下作业，不懂的题还是不太懂，如果真想弄明白，还得问老师或同学。

许同学则表示，自己虽然听说过这种软件，但是还没有用过。他认为使用"作业神器"其实没太大必要，做作业的意义在于把不明白的问题弄明白，光有答案也没用，如果遇到不懂的问题更愿意问同学而不是上网求助。当被问到以后是否会使用这类解题软件时，许同学干脆地表示不会。"我觉得自己解题更有成就感，而且我也怀疑软件上答案的正确率。再说，如果想找答案，不用这个软件也可以，去网上搜一下关键词就有了。"

四、家长的态度

对于"作业神器"，老师和学生有赞成也有反对，家长怎么看待？

笔者又在所居住的小区向学生家长们发起调查，不少家长表示不赞成学生使用这类软件。田姓家长说：孩子的自制力有限，如果养成习惯，难免产生依赖性，失去独立思考能力。赵姓家长说：完全不考虑这类软件，孩子已经够懒了。有了学习软件，鼠标一点，一键完成，看几眼，抄完了，电脑一关，人脑空白，难题仍是难题，今后遇上同样的题目仍是"涛声依旧"。虽然答题软件可以辅助做作业，但这样的软件还是弊大于利。毕竟人都有惰性，更何况我的孩子本身基础就不牢，学习就不勤奋，学习积极性不高，不能控制自己，用这类软件帮助答题，由于没有思考过程，起不到对知识点的巩固作用。尤其做数学题，思路很重要，经常使用这类软件会让学生丧失独立思考的能力。而且如果交上来的作业都是对的，老师也没办法知道学生到底还有哪些地方不懂。考试时不会做的还是不会做，成绩始终不能提高。周姓家长则认为：网上搜答案对孩子来讲能快捷地完成作业，但掩盖了真相，给了老师和家长错误的反馈。平时作业没问题，一到考试错一大堆，而且网上的答案不全是对的，要时时谨慎。

尽管不少家长反对，但是笔者在走访过程中还是了解到，也有一些家长对这类软件持赞成态度。万姓家长告诉笔者，自己的孩子正上初一，而她姐姐的孩子目前上初三，平时两家在孩子教育上交流得比较多。她的姐姐就曾多次向其推荐这类手机解题软件。"姐姐告诉我，如果遇到不懂的问题，把题目输进去很快就能获得解答，有的软件还有详细的解题视频。其实以前没有这类手机软件，家长还会选择上百度求助。现在学生的题目整体难度上升了，家长帮不上忙的时候，有这类软件能够即时给学生解答，可起到点拨思路的作用。"当我问到是否等同于变相"抄作业"时，该家长认为"还是有区别的，提问过程中不懂还可继续问"。谢姓家长也认为，软件能提供解题思路，作为学习工具有可取之处，但不能陷进去。

五、"作业神器"的由来

笔者搜集了多款"作业神器"运营商，资料显示大多研发机构非教育行家出身。有的由线上游戏公司开发，如"问他作业"出自儿童线上游戏运营商；有的出自大型互联网公司之手，如"作业帮"由"百度"研发。

据百度公司"作业帮"的负责人介绍，"作业帮"里回答学生提问的既有老师，也有学生。我们只是一个平台服务方，通过连接提问用户和解答用户，为学生们提供一个讨论交流作业疑问的平台。

该负责人称，有些学生父母文化程度不高，又无课后辅导老师，在家遇到学习难题无法求助，我们希望通过互联网的分享精神，让更多的学生能够享受更多的教育资源。不过，这名负责人也坦言，作为一个平台的提供者，无法避免学生们用此平台来应付作业。

业内人士指出，在培训机构扎堆竞争的当下，这类在线答题互动平台正以"黑马"的姿态闯入教育市场，打破传统教学的垄断。一方面开拓了教育辅导赢利的新模式，另一方面也给这不成熟的新兴领域埋下了隐患。

这类软件严格来说只是一种网络学习交流平台，与教育网校、教育机构网站不同，前者只是通过互动交流的方式，帮助学生解答零散的问题，并没有开设课程进行办学，所以不需进行教育资质的审核。

这名不愿透露姓名的业内人士说，尽管只是一个交流平台，但这种网上的教学问答，对学生而言却在一定程度上扮演着"家教"的角色。

在走访过程中大家一致认为，要想成为真正的具有正能量的"作业神器"，特别是学生们认可的"作业神器"，必须具备以下几个条件：一是解题速度迅速、准确率高，不仅仅提供解题的答案，更需提供解题思路和所涉及的知识点，不是为了完成作业而做作业；二是题库要尽可能完善，特别是能覆盖语文、数学、化学、物理、政治等常规学科。

笔者从应用市场上下载了三个在线教育的 APP，进行了试用，每个 APP 软件定位不一样，有主打学生和家长的，有用在线课件等资源代替部分授课和作业的，也有主打学生学习社交圈的，也有测试问卷在线填写问题的，而能精准地满足教师和学生家长所允许学生使用的"作业神器"条件的，还不成熟。

六、"作业神器"的未来

从康康的实例及调查老师、家长、学生们的情况来看，有说好的，也有说不好的；有说有帮助的，也有说没有帮助的。笔者认为任何一件新生事物，都具有两面性，有利、有弊，应辩证地看待使用"作业神器"。如果我们仅从一面看待事物，是不能全面诠释事物的。如我们看风景，站在高处或者低处，远处或近处，同样的风景看到的却是完全不同的。要诠释风景的美丽与否，需从不同的方位，综合得出结论后，才能正确评判事物。就每个学生而言，由于文化层次、心理素质、见解要求不同，对"作业神器"的看法会截然相反。

作业类 APP 的出现拓展了学生学习的渠道，同时也存在着各种各样的问题亟待解决，但也没有必要彻底否定，毕竟这样的 APP 代表着未来学习模式的一个重要分支，特别是在时下中国教育资源分配不均衡的背景下，以作业 APP 引领的新型在线教育市场前景非常广阔。据艾媒咨询[①]数据统计，自 2012 年开始，在线教育以惊人的速度发展，到 2015 年在线教育市场规模将突破 1 600 亿元的规模。而作业类 APP 作为在线教育的新生事物，未来的发展可见一斑。

正是基于教育行业的特殊性，一部分人并不看好"小而美"的教育机构，虽说它们号称更富有激情，但毕竟功利性太重，或者说，"对学生有爱"并不足

---

① 艾媒咨询作为全球领先的移动互联网第三方数据挖掘与整合营销机构，起步于 2007 年，是中国第一家专注于移动互联网、智能手机、平板电脑和电子商务等产业研究的权威机构；2012 年，艾媒咨询正式成为国家统计局主管的中国市场信息调查业协会（CAMIR）唯一专注于移动互联网行业市场信息调研的成员单位。

以支撑在线教育机构的运转，教授、专家、"学霸"统统需要支付课时费，就更不要说相关硬件建设的投资了。针对在线教育，互联网巨头的参与，加上教育部的支持，新兴的大数据、云计算、平台化、即时通讯肯定会带给教育行业一些时代特色。希望未来的朋友圈不再只有晒自拍，而是多了同学们的解题讨论。

我认为，在应试教育的当下，诸如"作业神器"之类的软件具有十分广阔的市场，但我相信随着素质教育深入推进，学生对"作业神器"之类的工具，会有新的、更客观、更理性的合理使用。但在当下"作业神器"风靡时期，学校、家庭、社会应顺势而为，因势利导，扬"作业神器"之长，避"作业神器"之短，引导学生合理正确利用助学工具，使助学工具真正成为学生通往成功之路的神器。

思考题

1. 你对"作业神器"持什么样的态度？你看好"作业神器"的未来发展吗？
2. 你认为相关部门需要对"作业神器"做出规范性指导吗？

推荐阅读

1. 张书乐．2015 年中国在线教育市场规模将超过 1600 亿元．人民网．2014-3-19.
2. "答题神器"帮做作业答案来得容易差错率却太高．
http://www.shcb.net/html/z003/html/20140723/20140723005801.htm
3. "神器"让课堂变成竞答现场，学生：上课想走神都难．
http://news.163.com/15/0612/11/ARTGUSM900014SEH.html

附录一

手机 APP 发展的历程

APP 指的是智能手机的第三方应用程序。比较著名的应用商店有苹果的 App Store、谷歌的 Google Play Store、诺基亚的 Ovi store，还有黑莓用户的 BlackBerry App World、微软的 Marketplace 等。手机 APP 的发展大致经过三个阶段。

第一阶段，研发上线阶段

20 世纪 80 年代随着 WAP 在全球掀起的移动互联网浪潮方兴未艾，当"大哥大"横行江湖时，乔布斯认定，未来绝对会有 iPad，会有无线网络，更一定会有 APP 商店。因此，一场移动互联网的革命引起了更大的关注。这场"革命"是以智能手机及智能手机中的 APP 应用为代表的，相较于 WAP 站点的不温不火，手机 APP 拥有强劲的发展势头。

20 世纪 80 年代 Psion 的 EPOC 和苹果的 Newton 就开始着手手机应用软件开发（APP 开发），但真正做成功却是 3COM 和 Palm，这两家公司在 20 世纪 90 年代时，市场占有率一度达到 90% 以上，有着数十万人的 APP 开发队伍，有数万款应用软件，采用其作为操作系统的 PDA 总销量一度达到数千万，Palm Ⅲ、Palm Ⅴ 和 Treo 系列都可以称为移动终端的经典之作。

第二阶段，竞争优化阶段

20 世纪 90 年代，微软看到 Palm OS 如此红火，不愿意这个市场被 Palm OS 独享，于是于 1996 年推出了微软的嵌入式操作系统 Windows CE，2000 年推出 Win CE 3.0，使之成为移动应用进入多媒体时代的里程碑。2002 年 10 月，国内智能手机多普达 686 上市了，在国内掀起了一个智能手机的热潮。当时微软对中国市场比较重视，在 Windows CE 和 Windows Mobile 平台上开发了非常多的中文 APP。与此同时移动应用领域出现了三个巨人：Symbian（芬兰的 Nokia）、BlackBerry（加拿大的 RIM）和最具冲击力的 Apple。以 Nokia 为例，在当时手机市场上的占有率达到 40% 左右，无论是中国还是外国，Symbian 的移动用户数量都是最大的，所以诸多的移动应用，都是以 Symbian 为重点，比如 UCWEB、

Pica、金山词霸、百阅等。

第三阶段，提升成熟阶段

以 2007 年的 1 月 10 号史蒂夫·乔布斯推出第一部 iPhone 为标志，APP 发展日新月异，苹果先后推出 iPhone、iPad、iPod、iTouch，仅在 2009 年一年，iPhone 用户就从苹果的 APP Store 上购买下载了 25 亿个应用程序。在 2010 年 1 月初，苹果公司宣布 APP Store 应用程序下载量突破 30 亿。到现在，用户从苹果的 APP Store 上购买下载了超过 500 亿个应用程序。2011 年苹果在全球引发了 APP 应用浪潮，让越来越多的企业认识到 APP 应用的广阔前景，越来越多的企业以各种形式开展手机 APP 营销。2011 年，亚马逊推出自己的 APP 商店；谷歌和诺基亚的应用商店很快迎头赶上。WAP 受到 APP 应用的极大挑战，技术的变革正在带来应用模式、商业模式等多方面的变革。应该说，APP 是 WAP 发展到一定阶段的产物。

随着手机用户的增加、手机售价的降低以及近几年手机硬件的急速提升，手机软件处在一个高速发展的时期，相信在未来，手机 APP 将给人们的生活、工作、学习带来极大方便，手机 APP 前景无量。

附录二

部分"作业神器"的功能特点

1."作业帮"的功能特点

"作业帮"是一款用于中小学生学习问题交流的平台，通过选择年级和学科，学生便可以在平台上提问、交流。其功能，一是提问：选择年级和学科，通过拍照或文字，向"学霸"提问，一次不明白，还可以多次追问，最重要的是完全免费；二是回答：可以选择擅长的学科，通过拍照或文字回答问题，回答被采纳可获积分，有机会上"学霸"排行榜；三是形成学生圈：一起分享，一起吐槽，记录学习生活的那些趣事。

2."猿题库"的功能特点

提供初中、高中同步练习和高三总复习等多种练习模式。其功能：一是覆盖初中、高中所有知识点，提供中学六年的伴读"书童"；二是支持各种版本教材的同步练习；三是实时提供做题报告、评估能力、预测考试分数；四是提供中、高考总复习：历年高考真题、名校期末试题、真题及时更新；五是各科题目的优质解析；六是提供随身的错题本和草稿纸，可以随时修改作业。

3. "学霸君"的功能特点

"学霸君"是专门为那些学习上遇到困难者提供的学习工具。其功能：一是作为初中、高中学生课业难题的解题工具，专为 iPhone/安卓设计，可拍照上传难题，及时回答问题；二是包含全国各类初中、高中课题教材 90% 的题库，具体到单个的解题过程，最短时间内解答学生的课余作业。

案例八 "有偿辅导"确"有偿"[①]

摘要：在职教师参加校外辅导一直以来是较为普遍存在的一种教育现象和社会现象。这一特殊教育现状一直是一个颇受争议的话题。20世纪80年代兴起，90年代形成高潮，这期间国家并无相关的具体规定，加之知识改变命运，带来千军万马过高考这个独木桥，各类课外辅导班如雨后春笋，在职教师自觉地不自觉地走进了课外辅导的队伍。在职教师参加校外辅导现象归因于家庭人力资本的投资、教师自身知识能力优势的寻租、优质教育资源的紧缺、应试教育的根源。目前各级教育行政部门出台相关制度，对在职教师参加校外辅导进行强制限制和规范，在职教师参加校外辅导现象有所改变，行为有所抑制，各类辅导班有所减少，在职教师又回归正常的教学秩序中。我相信随着素质教育提升、高考制度改革、教师待遇提高，在职教师参加校外辅导将成为过去时。

关键词：在职教师；校外辅导；制度改革；素质教育

笔者的公公是湖南省岳阳市一家大型纺织企业子弟学校的教师，春节家人团聚闲聊，公公自然讲到他的儿子过去的学习

[①] 潘洁参与本案例编写。

情况，借机也聊到过去在职教师参加校外辅导的事情。公公坦承自己曾参加过校外辅导，并介绍了在职教师参加校外辅导的大致情况。1977年恢复高考，当年就有考生向在职教师求教，但辅导教师不收费。20世纪80年代家庭情况较好的时候，为了让子女顺利考取大学，请在职教师到家里"一对一"辅导，辅导老师按课时收取一定费用，通过辅导后确实有人顺利考取了较为理想的学校。这样越来越多的家庭都想通过课外辅导来提高孩子的学习成绩，考取理想的学校，随之课外辅导形成风气；不但为了考大学，就连考高中、小学升初中，家长们也都送子女参加课外辅导班。老师也借机纷纷开办各类课外辅导班，有语文、数学、物理、化学、英语等，开办形式也是五花八门，有借场地开办大班的，一个班十几个、二十几个，多的达到四五十人；有的在自己家里开办，带七八个学生；还有的带两三个学生吃住全包的。笔者公公所在学校有80多名教师，参加校外辅导的教师有40多名，占教师的50%以上，可以说上主课的教师基本都参加了校外辅导。教师开办课外辅导班从20世纪80年代兴起，90年代形成高潮，并一直延续到21世纪初。据公公讲，高峰时期该企业家属区各类辅导班就有50多个，参加辅导的学生不下1 500人。

公公介绍，教师参加校外辅导一方面是为提高自己的知名度，一旦自己辅导的学生考取了理想的学校，辅导教师感觉脸上有光，就有了炫耀的资本，就能吸引更多的学生来参加自己的辅导班；另一方面教师参加校外辅导可以增加收入，一般来讲老师让本班或者本校学生参加他们的辅导班，每月交纳200元至300元不等的费用。辅导学生多的一个月可以收入1万多元，因此有些教师乐此不疲。还有个别老师利用职权办各种辅导课，把本应该在课堂上讲的内容挪到辅导班里讲，给那些不参加辅导班的学生"穿小鞋"，对他们另眼看待。我问公公：现在在职教师参加校外辅导班的情况怎样？从2008年起国家教育行政主管部门相继出台了规范教师行为的相关规定，当地教育行政主管部门对在职教师办辅导班有了明确态度，曾经专门下发过关于禁止在职教师有偿办班补课的通知，坚决不允许中小学校在职教师以任何名义组织或参与校外办班、办校、有偿补课等活动，一旦发现，立即纠正，并给予参与教师从严从重处理，决不手软。在职教师参加校外辅导班的问题得到了根本的解决，大多数教师停办了辅导班，退出了校外辅导的队伍，回归到正常的教学中。

一、学生的无奈

　　为进一步了解在职教师参加校外辅导班的情况,笔者向在湖南长沙读初中二年级的表弟询问。表弟成绩不是很好,为提高他的成绩,他父亲要他参加各种课外补习。在网上笔者与表弟聊天,问表弟:"现在有在职教师在校外上辅导课吗?"他回答说:"现在好像没有在职教师在校外上辅导课,因为上面强调得很厉害,明里没有估计暗地里有。"笔者问:"过去有吗?"表弟肯定地回答:"有,而且很多。"笔者问表弟:"上补习确实能提高成绩吗?"表弟说:"上辅导课肯定要比没上强,因为老师在课堂上讲得比较浅,上课的学生多,学生跟教师距离远,教师个别指导得少;课外辅导班,相对来讲人少些,近距离接触老师,老师亲自指导得多,不懂的可以问。"笔者问:"不参加老师的辅导班不行吗?""不是不行,是不好!怕得罪老师,不敢拒绝,不去老师那,得不到关注,还总是被指责这里不行,那里不行。跟了老师后,就声称有进步了。""你的同学都参加辅导班吗?"表弟回答:"大都参加了。"

　　与表弟聊天后,笔者询问了部分孩子上小学、初中的家长,得到的答复是,大部分孩子都参加了校外辅导班,但对在职教师参与校外辅导褒贬不一。"是该好好反映反映了!老师平时在课堂里不好好教学,连最基本的内容都要孩子们去家里听有偿辅导,这都违反义务教育法了!"一提起补课,杨阳妈的嗓门就高了起来。杨阳上小学三年级,班里一半以上的学生周末都去任课老师家上课。"其实周末也挺想让孩子好好休息休息的,但别人家孩子都去,没办法啊,不能比人家落后啊!"蒋文说,她孩子成绩不错,她以前一直认为用不着去老师家补课,可后来发现孩子放学回来时经常耷拉着脑袋,就问他为什么不高兴。"孩子说,老师上课时很少让他发言,课堂上讨论了好多有趣的事,也是周末在老师家讲的,别的同学一说都能笑起来,而我们家孩子听不明白,笑不起来。"老师上课提问时,只把发言机会给那些周末去补课的学生,有集体活动、演出时,只让那些补过课的孩子露脸。"小孩子如果感到在同学中间被孤立了,就会很伤心,放学回来一直跟我们哭。后来我们没有办法,只能随大流让孩子周末去老师家了,就算是'花钱买开心'吧!"蒋文无奈地说。

二、教师的担忧

为了解更多的情况,笔者询问了苏老师,她曾经是笔者的高中同学,现在是一名初中化学老师。笔者问苏老师:"怎么看待在职教师参加校外辅导这个问题?"苏老师回答说:"开办校外辅导班,这是当今社会'望子成龙'风气之下的产物,是竞争意识波及教师的一种表现。教师队伍中,确实有人违反职业道德,热衷于办班、编资料,以学生为对象获取暴利,对本职工作敷衍塞责、得过且过,甚至把学生是否参加本人组织的辅导班作为评价学生的主要依据,加重了学生的思想负担和家长的经济压力。耽误的是学校的正常工作,贻误的是充满希望的莘莘学子,损害的是教师为人师表的形象,造成的是社会对教育的偏见。"笔者问:"怎样才能杜绝教师参加校外辅导的事情发生?"老师说:"一是国家立法,近几年国家出台了相应的制度,教师参加校外辅导的有所收敛,好了很多;二是实现素质教育,德智体美全面发展;三是改变一考定终身的高考模式,改变千军万马过独木桥的现象。"

同时她也表示:教育资源分配不均和应试教育,也是导致教师参加校外辅导的两大原因。在升学压力和高考的指挥棒下,家教市场的火爆也就不足为奇了。一个愿打,一个愿挨,禁令几成虚设,家长总会找到其他途径。每年高考,媒体必定公布各省(自治区、直辖市)高考状元,推波助澜,突出分数。而且在校独生子女学生占绝大多数,而子女的教育摆在家庭的首要位置,付钱找家教等都是家长高期望下的无奈之举。教师应该充分利用课堂的45分钟时间,按照教学大纲的要求,由浅入深地授课。如果学生没有听懂,那是老师课前没有很好地理解教材,或者是授课方法有问题,不应该通过课外收费补习来解决。如果教师在课堂上不抓紧时间精讲,为了下课后去赚钱,就必然分散在课堂上授课的精力,也使得学生在课堂上注意力不集中,指望课外去补习,这样既浪费了教育资源,也加重了家长的负担。

三、有偿家教的争论

在校教师能不能从事有偿家教,在网络上引起各方网友激辩。笔者在网上输入"有偿家教"这一关键词搜索,弹出的相关新闻达1.2万条之多,仅新浪网上一则"山东立法禁止教师从事有偿家教引争议"的新闻跟帖就有1 900多条。笔者总结发现，网友已形成"疏"和"堵"两种泾渭分明的观点，双方都持有很充分的理由，交锋十分激烈。如沈阳网友张辉认为，升学要考试，考试带来竞争，随着家庭经济条件越来越好，每个家长都想为孩子创造好条件，由此带来的补课需求很难在短期内解决。"一刀切"，不允许教师从事任何有偿辅导，学生只能到社会力量办的辅导班补课，而目前这些班的水平当然不如在职教师，学生补课效果事倍功半，对一些教师而言也是资源浪费。辽宁网友张引提出自己的疑问，很多老师会有这样的遭遇：假期里，亲戚、朋友主动找来，要求给自己的孩子补补课，这种情况很难拒绝，也难免会收些礼品或费用，这种情况也是有偿家教，怎么限制？发现了怎么处理？北京网友江南则认为，客观来看，我国教师队伍的整体素质和职业道德水平还是很高的，而且家教确实有一定的市场需求，有利于提高学习跟不上或是偏科的孩子的成绩，这种合理的有偿家教是对教师人才优势资源的合理利用，教师作为劳动者的兼职权利是需要保证的。署名为王楷的山东潍坊网友认为，教师的职业就是教书育人，如果滥用这种身份为个人谋私利，是对神圣教师职业的亵渎。教师向"钱"看，严重偏离师德。湖北网友风云坚决反对教师有偿家教，认为一旦给有偿家教开了口子，将会随之产生不少弊端。如个别师德较差的老师可能故意保留课堂教学内容，为难不去参加家教的学生等，以达到让学生找他们"有偿补课"的目的，这些都直接侵犯了学生接受公平教育的权利。

四、关于在校教师参与有偿家教的各地规定

教育行政主管部门对待教师参加校外辅导的态度是明确的。1984年，教育部和全国教育工会联合制定并颁发了首部《中小学教师职业道德标准（试行）》，并于1991年正式施行。1997年，针对教师队伍建设中出现的新情况和新问题，国家教委和全国教育工会对《中小学教师职业道德规范》进行了第一次修订。2008年重新修订的《中小学教师职业道德规范》，从教师职业特点和教师自身发展的角度出发，更加强调职业精神，尊重道德属性。它既体现了教师职业神圣性的一面，也考虑到其作为一种社会职业的平凡性，并承认教师职业境界的层次性；它既有适度超前的目标性引导，又明确了不容许超越的行为

底线。《中小学教师职业道德规范》明确提出，教师要坚守高尚情操，自觉抵制有偿家教，不利用职务之便牟取私利。教育行政主管部门早就发出禁令：各义务教育阶段学校不得利用节假日为学生集体补课，不得进行有偿补课。不得组织在校生参加指定的培训班、实习班，不得将学校校舍、课桌、凳等教育资源租借给任何单位和个人开办培训补习班，各学校教师不参与、不举办此类办学活动。严禁公办学校老师从事有偿家教。在岗在职教师不得参与办班，不得动员、强迫或变相强迫本校学生到指定的培训机构培训，不准教职工向学生散发各种培训班和辅导班的招生广告。

北京市规定，从2009年3月1日起公办学校教师有偿家教要负法律责任。据《北京日报》报道，从2009年3月1日起，北京地区公办学校教师如在工作日期间到校外社会办学机构兼职兼课或组织学生接受有偿辅导，将负法律责任，受到处理。特级教师如果被发现有偿辅导将被剥夺"特级"称号。公办学校教师如有偿辅导，将影响绩效考核结果，最终影响到教师绩效工资水平。

广州市规定，从2009年起在职教师做有偿辅导将解聘。广州市教育局称：在课余时间把自己的学生带到家庭或其他场所进行有偿性质的补习，不但违反了工作纪律，更严重地败坏了教师的形象和声誉。这种故意不完成教育教学任务的行为，一经查出，教育行政主管部门有权依法对其做出行政处分或解聘。

南京市将"不得从事有偿家教"写入聘用合同。据《南京日报》报道，南京市新上岗教师与学校签订合同时，必须遵守"聘用期间不得从事有偿家教"的约定。新教师如对此约定有异议，可不签合同，但将失去从教机会。

全国各省、自治区、直辖市均发出了禁令。合肥市教育局颁布了《合肥市中小学教师违反师德行为处理暂行办法》，将有偿辅导列入违反师德的20种行为之一，对其认定和处理程序进行了严格的规范。根据这一新规，合肥市中小学教师若有组织或参与有偿辅导、有偿补课等10大项共计20种行为的，都将被认定为违反师德行为，受到相关处理。对此，合肥市教育局相关负责人表示，这里的有偿辅导主要是指公职教师从事以营利为目的的辅导、补课行为。对于从事有偿辅导违反师德的中小学教师，合肥市明确规定，将给予警告处分；情节较重的，给予记过、记大过、撤职处分；情节严重的，还可开除或辞退（解聘）。但教育部门同时表示，违反师德行为若情节轻微并经批评教育悔改的，可不予处分；若主动承认错误、停止违反师德行为、退缴违规所得，还可以从轻、减轻或免予处分。随着《中小学教师职业道德标准》的颁布及义务教育法的正式实施，全国各地均下达禁令，在职教师明目张胆参加校外辅导的没有了，在职教师开办的辅导班也销声匿迹了。教师纷纷表态拒绝有偿家教，并公开承诺不参加校外辅导。如吴忠市全体教师承诺，不招收本班学生在家或到学生家中或在校内外租（借）场地进行收费补课、辅导、办班或变相收费；不利用职务之便强制、诱导或暗示本班学生参加有偿家教辅导；教师之间不相互介绍学生进行有偿补课，不为对方提供有偿家教生源；不动员、变相动员学生参加校外办学机构的各类补习班或为其提供生源；不单独或与他人合伙租（借）场地、占用其他场地进行有偿补课、有偿辅导、有偿办班、参与有偿家教或管理；不以各种名目举办"奥数班""提高班""实验班"等收取费用；不以各种名义开办"托管班""寄读所""少儿之家"等收取费用或从中获利；不在校外办学机构有偿兼课或在社会办学机构中兼课；不在家中有偿托管本班学生并收取费用；关爱每个学生，做好培优补差工作；在完成教学任务的同时，无偿为学生释疑解惑，尽心尽力帮助学困生，让每个学生都得到健康成长、和谐发展。从吴忠市全体教师的承诺中，可以管中窥豹，教师参加校外辅导得到有效抑制。从各地不同渠道得到的消息看，目前确实没有在职教师公开地搞校外辅导。但从网上来看，不少人还是担心出现反复，如王姓网友说："现在很多地方都是明令禁止在职教师给学生有偿补课，但由于有市场需求，制度成为一纸空文，有的教师仍我行我素。"

笔者对在职教师参加校外辅导是持反对态度的，其原因一是，在职教师参加校外有偿辅导有损教师的形象。教育是育人的事业，教师的一言一行都在潜移默化中影响着学生。在职教师搞有偿辅导，有损师德和师表；如果我们的学生找"家教"，就说明任课老师的责任未尽到。二是在职教师参加校外有偿辅导伤害学生的心灵。教师是孩子成长的守护天使，关心教育孩子是教师不可推卸的义务和责任，如果一旦辅导变成收费行为，纯洁的师生关系就变成了金钱关系，教学行为就变成了商业行为，充满了铜臭气息，这对孩子心灵也是一种伤害，也违背了师德的基本要求。三是在职教师参加校外有偿辅导冲击教育的公平。每个孩子在学校接受的是同样的教育，在公平的教育环境中成长，这是政府保证社会公平、和谐的一份责任。如果教师对自己的学生进行有偿辅导，势必冲击教育上的公平。一旦实施了"有偿辅导"，教师在班级内的教育就不能做到公平。

如何根治在职教师参加校外有偿辅导，笔者认为应从以下四个方面着手：一是建章立制，为杜绝在职教师参加校外有偿辅导提供制度保障。建立三个机制，即严格的考核机制，健全的监督机制，严厉的惩罚机制。二是切实推行素质教育，为在职教师参加校外有偿辅导釜底抽薪。纵观我国近30年来的招生考试形式，都是重分数、轻能力，因此应采取以下措施，改革现有考试制度：废除单一的全国统考形式，推行分层复考制。所谓分层复考，即从高一开始（中考从初一开始）对学生成绩采用统考与分考、平时考与期末考、主要考与次要考的方式，每次按分值比例计算成绩，累计总分。然后据此确定是否录用。这样既公平，又排除了一次考试定终生的时运性倾向。要扩大选人途径，除组织卷面考试外，可以多样化、多途径检测学生智能和其他方面的才能，让每个人都有机会、场合和条件展示自身的潜能和才华，以此判定选拔人才；强调突出理论与实践相结合的选人方式，在招生选人中，尽量减少卷面分的比例，增加实践分比值，全方位、多角度把握人才标准。要改革现有招生考试方式，淡化分数要求，消除学校浓厚的应试教育氛围。加强教师文化修养，提高教师内在素质。只有教师本身素质提高了，认识到位了，有偿辅导才会真正失去支撑，失去市场。要加大教育投入，提高教师的待遇。目前中小学教师的薪金不高，这是促成在职教师参加校外辅导这种现象的直接原因。教师进行有偿辅导，其直接目的就是利用业余时间为自己增收。教师的工作量大，工作压力也大，但是其收入与付出极为不平衡。只有解决教师的待遇问题，才能从根本上解决教师的有偿辅导问题。

讨论题

1. 改革现有的考试制度，是否会影响或者杜绝有偿辅导？
2. 你对"有偿辅导涉及的是教育管理尤其是教师职业行为的管理"的观点

怎样理解？

推荐阅读

［1］教育部，全国教育工会．中小学教师职业道德标准（试行）．1984.

［2］教育部，全国教育工会．中小学教师职业道德标准（1997年修订）．1997.

［3］教育部，全国教育工会．中小学教师职业道德标准（2008年修订）．2008.

［4］合肥市教育局．合肥市中小学教师违反师德行为处理暂行办法．2009.

案例九　幼儿园小学化面面观[①]

我国《幼儿园教育指导纲要（试行）》明确要求，幼儿园教育应当遵循学前儿童的身心发展规律，将保育和教育相结合，以游戏为基本活动形式，寓教育于生活及各项活动中。然而，在幼儿园实践教学中把幼儿当作小学生来教育的倾向日益突出。一些幼儿园出于各种原因，让3～6岁的孩子学识字、学拼音、学算数、写字。在这种教育下，一些幼儿确实学到了所谓的"知识"，也得到了家长的认可。但这样的幼儿教育，往往违背了幼儿身心发展的特点和早期教育的基本规律，也势必影响到幼儿的身心健康发展。基于这种情况，笔者试图对幼儿教育小学化的表现、原因进行多方面的分析和阐发，为儿童教育能够真正遵循儿童身心发展规律，提供有益的启示和参考。

关键词：幼儿园教育；幼儿园小学化；身心发展规律

天真烂漫的孩子在幼儿园里游戏、玩耍，这应该是大多数成年人对幼儿园生活的印象。然而，在当今社会幼儿园小学化的现象却比比皆是。各种识字、算数训练占用了孩子们越来越多的玩耍时间，"才华横溢"的幼儿园小毕业生们带着小眼镜进

[①] 魏欣参与本案例编写。

入小学,成为班里的好学生。然而这些现象的背后又隐藏着怎样的问题?在幼儿园里提前学习知识是否真的有助于孩子的身心发展呢?

3～6岁幼儿身心发展规律

3～6岁是孩子进入幼儿园学习的阶段,同时也是幼儿发育的关键时期。在这一阶段,幼儿在生理、心理机能,思维能力,社会情感,个性等方面都得到了迅速的发展。

这几年间,幼儿的新陈代谢旺盛,身高、体重每年都会有较大幅度的增加。尽管如此,幼儿的各项身体机能也还存在一些发育不算完善的地方。在这一阶段,幼儿的心肺功能不甚完善,肺的弹性较差,气体交换量小,所以呼吸频率较快;肌肉的发展也以大肌肉群较为优先,小肌肉群发育不甚完善,且肌肉较易受伤。因此,幼儿时期可以适当地开展跑、跳等以大肌肉群运动为主的活动,但时间不宜过长;而像写字这样需要小肌肉群与骨骼密切配合的活动则可以尽量减少,以免造成肌肉损伤等。

幼儿园阶段同样也是儿童思维能力发展的关键时期。苏联教育家马卡连柯曾指出:"教育的基础主要是在5岁以前奠定的……在这之后,教育还要继续进行,人进一步成长、开花、结果,而您精心培植的花朵在5岁以前就已绽蕾。"儿童在这一阶段以具体形象思维为主,其思维活动多数为直觉行动思维,即思维的过程离不开感知和动作,幼儿只有在拿到、听到、看到具体的事物时,才能进行思维。例如:看到水就要玩水,看到别人玩球又要玩球。同时他们是一边玩一边想,如果不玩了,也就不想了,即一旦动作停止,对该动作的思维也就停止了。逐渐地幼儿的思维还能够依靠自己头脑中的表象和对具体事物的联想来进行,已经能够摆脱具体行动,运用那些曾经看见过的、听到过的事情和故事来思考问题。可见,这一阶段幼儿的学习应以具体事物的教学为主,进而逐步发展其识字、数学运算等相对抽象的思维活动。

幼儿初期还不善于控制和调节自己的情感,很容易受周围事物的影响而毫不掩饰地表现出来,常会因为一点小事而哭闹,但当有了别的刺激时,他会马上破涕为笑、转怒为喜,很快就忘记了不愉快的事情;家里来了客人,孩子最容易兴奋,甚至把所有的玩具都拿出来给客人看;进幼儿园,只要有一个孩子哭着向妈妈告别，马上会波及别的孩子也哭泣起来，等等。这是因为幼儿期孩子的大脑皮层兴奋容易扩散，抑制能力差，所以易受情境和他人情绪的感染。幼儿中期的孩子的情感已稍稳定，他们喜欢和小朋友一起游戏，会因为没有小朋友玩而苦恼。幼儿晚期的孩子情感已经显得稳定而深刻，遇到不愉快的事会长时间不高兴，表露的方式也比较含蓄了。这些都是幼儿高级社会情感开始萌芽的表现。3岁前的婴儿已表现出了最初的个性差异。而幼儿期孩子的个性已有了明显的表现，如他们在气质、性格上，有的好动、灵敏、反应快；有的沉静、稳重、反应慢；有的好哭，易激动；有的活泼、开朗；有的能和别人友好相处；有的则霸道、逞强；有的爱听故事、爱学习、勤快；有的浮躁、粗心；有的懂道理；有的有创造性。孩子们在画画、手工、唱歌、跳舞、运动、讲故事以及计算等方面的能力，也初步显示了自己的爱好和特长，虽然如此，距个性的定型还相差很远，随着环境和教育的影响还会不断地发展变化。在幼儿园中，孩子有大量和其他儿童接触的机会，在各种丰富有趣的游戏活动中，孩子们为了能够满足玩的需要，共同计划，共同协商，合理分工，饰演各种角色，成功地履行各个角色的义务和责任逐渐成了幼儿们的自觉行动。这使得幼儿在与同伴交往时，经常表现出更多、更明显的愉快、兴奋和无拘无束的交流，享受着游戏带给他们的乐趣，可以满足儿童归属、爱和尊重的需要。游戏中同伴交往为儿童提供了学习他人的机会，逐渐学会认识他人观点，学会了解他人、理解他人、约束自己、改变自己不合理的行为与想法，学会与同伴相处，克服认知上的自我中心状态。因此，幼儿不仅可以发展运动能力，更可以促进他们良好个性的正常发展。

课程超负荷，幼儿压力重

目前，很多幼儿园的教学内容设置趋于小学化，采取分科的方式进行识字、拼音、数学、英语、音乐、绘画等方面的教学，严重违背了我国《幼儿园教育指导纲要（试行）》中提出的"幼儿的学习是综合的、整体的"这一理念。例如，以下是某幼儿园一周的教学计划：

识字：鸡、灵、花、球、鼠

拼音：ai、ei、ui

计算：20 以内不进位加法，如 12+3 等

英语：watermelon　grape　cherry　peach

歌曲：《六一儿童节》

绘画：画六一

……

在这份计划中，幼儿园一周的教学内容全部采用分科教学的方式进行。其中，歌曲和绘画围绕六一儿童节展开，教学内容间存在一定的联系；而识字、拼音等教学内容彼此之间相对独立并不关联，不利于幼儿整体地进行学习。甚至个别幼儿园从小班就开始认字，回家后还要像小学生一样完成"家庭作业"。进入大班，孩子还要学习古诗、50 以内加减法、汉语拼音等内容，老师还会及时把当天所学的知识罗列出来，以便家长能够在家里指导孩子进行复习。不难发现，这些教学内容与小学一年级的教学内容相近。

很多幼儿园开设了各式各样的兴趣班：舞蹈班、美术班、钢琴班、珠心算、英语班等，也成了孩子和家长的烦恼之一。4 岁的晨晨就遇到了这样的问题：晨晨的妈妈是英语老师，爸爸也曾在国外留学多年，具有较高的英语水平。然而对于晨晨的英语学习，爸爸妈妈却并不想过早开始。进入幼儿园后不久，老师就召开了一次家长会：幼儿园为孩子们开设了英语外教班，但是需要另收费用，自家的孩子是否参加需要征求家长的意见。面对"突如其来"的消息，晨晨妈妈决定坚持自己的观点——不参加英语班。几分钟后，一张写着全班同学的名单传到了晨晨妈妈手里，眼前看到的是几乎所有的家长都在自己孩子的名字后面签上了"愿意参加"四个大字，晨晨妈妈心里感到十分无奈，但还是坚持住的了自己的想法，在表上填写了"不参加"。家长们一阵讨论交流之后，晨晨妈妈也找到了几个"志同道合"的同伴，出于各种原因，坚决不参加英语班。以为事情就这样过去了，两周之后，晨晨妈妈却受到了英语班的第二次"打击"。细心的妈妈发现，接连两周一到有英语课的日子，晨晨回家总是无精打采的。在跟晨晨的交流中妈妈了解到：原来幼儿园的英语课安排在了上午的时间，每到有外教来的日子，其他的小朋友都和外教去上英语课了，只有他们几个没有报名的孩子孤零零地在一边随便玩耍，三四个小朋友看着大家做游

戏、学英语自然很不开心。而就在这周，原先为数不多的几个不学英语的孩子也补交了费用，加入了英语学习的队伍，到了英语课的时间就只剩下了晨晨一个人……作为父母，自然不愿看到这样的场面，第二天，晨晨妈妈也来到了幼儿园，缴纳了英语班费用，下周她的宝贝也可以"开心"地和小朋友一起学英语了。

这样的现象在幼儿园并不少见，一些兴趣班涵盖面广、种类繁多，虽然采取自愿参加、单独收费的组织方式，但其活动时间往往被安排在幼儿园日常教学时间之内。凡是参加兴趣班的孩子有老师统一组织教学，而不参加的孩子则被"闲置"在一旁，因此，几乎每个孩子都或多或少地参加了幼儿园的各种兴趣班。这些本来应该是开发孩子潜能、培养兴趣爱好的活动，也逐渐成了给孩子灌输知识的捷径，许多孩子在这样的压力之下出现了不愿上幼儿园等现象。

4岁的乐乐自从上了幼儿园之后在家中自娱自乐的游戏就多了一项——给娃娃排队。从幼儿园回来，乐乐经常乐此不疲地翻出自己各式各样的娃娃，比量着它们的大小一次次地给娃娃们排队，与此同时，乐乐自己则站在"队伍"排头纠正娃娃们的行为："你，出队了！""小熊，站队的时候不许说话！"……从孩子的表现不难看出，幼儿园的小学化倾向不仅体现在教学内容上，对孩子的管理同样存在这方面的问题。在行为规范上，许多幼儿园照搬小学生的行为规范，要求孩子像小学生一样认真听讲，遵守纪律，上课不许说话、不许做小动作，坐姿要端正，喝水、上厕所时不许说笑、打闹，等等。这些行为规范在一定程度上限制了孩子天性的释放，也阻碍了幼儿感官的发育。

幼儿园小学化的无奈

尽管目前无论是政府主管部门还是社会舆论都对幼儿园小学化问题有诸多质疑，但依然有部分幼儿园甚至学生家长对这一倾向持支持的态度。

陈女士的女儿今年5岁，再过一年就要上小学了，她在与人交流时曾表示过这样的想法："幼儿园是学前教育的重要阶段，尤其是大班更是'幼小衔接'的关键时期，好的小学入学时是有入学考试的。如果在幼儿园不学，很难上好的小学。不能让孩子输在起跑线上啊！"如今陈女士的女儿已经学了汉语拼音，认识不少汉字，会简单的加减法，还会不少英语单词和语句。在她看来，幼儿园教小学内容对以后孩子的学习是有帮助的，至少上小学后对所教的内容不陌生，所以提前学一些小学知识是很有必要的。

面对北京市政府决心大力整治幼儿园小学化的举措，更有家长表示不赞同："这些知识上学前都要学，即使幼儿园不教，我们也会为孩子寻找社会上的各类兴趣班。这样一来，上幼儿园之余还要再利用周末的时间带着孩子奔波于各类兴趣班，反而增加了家长的负担，还不如直接在幼儿园学了省心。"对于"小学化"问题，幼儿园也感到无奈，一方面面对众多家长的"期望"，幼儿园不得不开设各类课程迎合家长需求，以获得更多的生源；另一方面，在近些年来的"幼升小"招生过程中也不难发现一些问题：许多重点小学在招生时会进行各种名目的入学考试、面试等。在这些环节中，学习过拼音、数学、英语等知识的孩子往往占有优势，在入学后也能更快地适应小学的生活，因此开展这些内容教学的幼儿园的孩子往往更受重点小学的欢迎，而这也成了幼儿园间竞争的一大因素。

在小学，许多教师和家长也同样受到这个问题困扰。回顾自己的小学生活，许多家长不禁感慨："原来小时候要学一学期的拼音，如今的小学竟然一个月内就讲完了，曾经老师带着学生读带拼音的故事书，如今也没有了。"初入小学，很多孩子还不能适应每天六节课、到家写作业的生活。小菲的妈妈回忆：孩子刚上一年级时，每天接她她都兴高采烈地举着记作业的小本朝妈妈怀里跑，边跑边喊："妈妈，妈妈，今天老师往我的本上写字啦！"孩子如此兴奋，妈妈也跟着高兴，然而打开本的时候妈妈却有了种欲哭无泪的感觉，"字词听写待达标"。看着孩子兴奋的表情，妈妈有点不忍心告诉她这几个字的含义。几天之后，小菲又一次举着小本向妈妈炫耀："妈妈，今天老师在我的本上写了好多字！"这一次，妈妈的心里愈发沉重了，打开本一看，果然："孩子在上课的时候精力不够集中，写作业速度也比较慢，希望家长关注。"在以后的一年里，小菲一家其乐融融的场面越来越少，取而代之的是这样的责问：作业写完了吗？为什么又这么磨蹭！把今天学过的字词再听写一遍……这样的情况直到小菲上了三年级，逐渐适应了学习生活才有所好转。听着小菲妈妈这样的"前辈"讲述，其他几位家长也对幼儿园让孩子多学些东西表示了更多的认同，而这将导致又一批孩子卷入幼儿园小学化的浪潮中。

老师们也同样苦不堪言，一轮一轮的教改不仅改进了教育理念，也在一次次地加大课程标准的难度。这些教学内容对于入学前进行过小学知识学习的学生而言尚且不易，更何况没有学习过算数、英语等科目的孩子。当然，也有一部分教师表示了不同的观点：许多在幼儿园学习过算数、英语的孩子，初入学时的确成绩优秀，更容易适应小学生活；然而，如果我们多观察几年便不难发现，这样的孩子在中高年级的学习中并没有表现出更多的优势，往往与其他的孩子相差无几。那么，在幼儿园提前学习这些内容是否真的必要呢？

幼儿园小学化危害严重

"玩"是孩子的天性，在玩的过程中幼儿的身体和心理都在进行着锻炼与发展。幼儿园阶段的孩子肌肉发育还处于不平衡阶段，大肌肉群发育得早，小肌肉群发育还不完善，而且肌肉的力量差，特别容易受损伤。这个阶段肌肉发育的特点为，跑、跳已经趋于熟练，因此应提倡孩子在幼儿园多进行各类游戏和户外活动，以促进孩子肌肉的发育。但是手上小肌肉群以及骨骼的发育还不完善，手的动作还很笨拙，一些比较精细的动作还不能成功完成，在这一阶段过多地写字容易引起孩子骨骼、肌肉的损伤。受手部肌肉发育等的影响，儿童写字往往容易出现侧头等不正确的书写姿势，为近视眼的形成埋下隐患。

3～6岁是儿童社会性发展的关键时期，在此之前，他们还不能很好地控制情绪。而幼儿园的各种游戏活动能够引导孩子接纳、认同同伴，逐步能和同伴一起玩，并且懂得遵守简单的游戏规则。小学化的幼儿园具有诸多并不适于儿童发展需要的行为准则，教学内容设置呈现学科化趋势，不利于孩子健康心理的发展。

急功近利的教学方式还容易导致孩子的厌学情绪。由于幼儿园的教学内容已经超出了学龄前儿童的身心发展水平，违背了儿童认知发展规律，迫使孩子付出的努力过大。课上学习、课后完成家庭作业等等，使孩子还未开始正式的学习过程就已经产生了厌学情绪。在一年级重复学习幼儿园已经学过的内容，也让不少孩子难以养成良好的学习习惯。

遏制幼儿园小学化倾向迫在眉睫

笔者发现，早在2010年我国各地新闻媒体就出现了大量关于遏制幼儿园

"小学化"倾向的报道:广州市教育局曾下发《关于加快农村学前教育发展的意见》(以下简称《意见》),同时中山市也要求各幼儿园不得布置家庭作业等,以防幼儿园小学化。河北省也曾出台《河北省城市及农村幼儿园分类评定标准(试行)》,248项评定标准着眼幼儿健康成长,从多个角度对幼儿园办园提出了新的规范。

为深入贯彻《国家中长期教育改革和发展规划纲要(2010—2020年)》和《国务院关于当前发展学前教育的若干意见》(国发〔2010〕41号),指导幼儿园和家庭实施科学的保育和教育,促进幼儿身心全面和谐发展,中国教育部网站2012年10月15日发布了《3～6岁儿童学习与发展指南》(以下简称《指南》),对防止和克服学前教育小学化现象提出了具体方法和建议。

《指南》从健康、语言、社会、科学、艺术等五个领域描述了幼儿学习与发展,分别对3～4岁、4～5岁、5～6岁三个年龄段末期幼儿应该知道什么、能做什么、大致可以达到什么发展水平提出了合理期望。同时,针对当前学前教育普遍存在的困惑和误区,为广大家长和幼儿园教师提供了具体、可操作的指导和建议。

教育部学前教育专家指导委员会负责人介绍,《指南》着重强调了要充分认识生活和游戏对幼儿成长的教育价值,严禁"揠苗助长"式的超前教育和强化训练,成人不应用一把尺子衡量所有幼儿等先进教育理念,并提出了以下幼儿教育原则。

1. 遵循幼儿的发展规律和学习特点。珍视幼儿生活和游戏的独特价值,充分尊重和保护其好奇心和学习兴趣,创设丰富的教育环境,合理安排一日生活,最大限度地支持和满足幼儿通过直接感知、实际操作和亲身体验获取经验的需要,严禁"揠苗助长"式的超前教育和强化训练。

2. 关注幼儿身心全面和谐发展。要注重学习与发展各领域之间的相互渗透和整合,从不同角度促进幼儿全面协调发展,而不要片面追求某一方面或几方面的发展。

3. 尊重幼儿发展的个体差异。既要准确把握幼儿发展的阶段性特征,又要充分尊重幼儿发展连续性进程上的个别差异,支持和引导每个幼儿从原有水平向更高水平发展,按照自身的速度和方式到达《指南》呈现的发展阶梯,切忌用一把尺子衡量所有幼儿。

北京市政府大力开展严查幼儿园小学化的整治活动，幼儿园上英语课、拼音课、加减法等课程将被视为"抢跑"行为而进行严查。北京市还组织巡回检查组，采取随机上门的形式，一旦发现幼儿园存在小学化倾向，将严肃问责幼儿园主要负责人，存在问题的幼儿园将存在被降级的风险。

然而，这些政策的出台能否真正解决幼儿园小学化的倾向？还有哪些途径可以帮助我们解决此类问题？依然值得我们深思。

讨论题

1. 幼儿园小学化到底有多少危害？举一举例子。
2. 幼儿园小学化，针对考试的问题，考倒了谁？

推荐阅读

[1] 索长清，姚伟. 文化价值观视角下幼儿园"小学化"现象探析[J]. 上海教育科研. 2014(1).

[2] 程秀兰. 多学科视野中幼儿园教育"小学化"现象透视[J]. 教育研究，2014(9).

[3] 李兵. 关于幼儿教育"小学化"问题的探讨[J]. 当代教育论坛(学科教育研究)，2007(8).

[4] 谷峥霖，傅淳. 幼儿园课程改革"囚徒困境"的成因与解决[J]. 学前教育研究. 2011(8).

[5] 张晶晶，李佳孝. 关于幼儿园教育"小学化"的研究述评[J]. 天津师范大学学报，2013(10).

[6] 中国教育部.《3～6岁儿童学习与发展指南》. 2012-10-15.

[7] 中国教育部.《幼儿园教育指导纲要(试行)》. 教基2012(20).

案例十 就近入学与择校的公平之争[①]

案例正文

择校问题已经成为教育界为人诟病的一大问题，也是有上小学、初中、高中的孩子的家庭都无法回避的问题。教育的公平、优质资源的稀缺是其症结所在，近年来，政府出台诸多促进就近入学的相关政策，推进教育公平。然而，提高就近入学比例，减少择校是否真的"公平"？

近年来，随着择校与就近入学展开的争论日益激烈，一方面社会各界对择校问题产生诸多不满；另一方面，在面临义务教育入学时又有大量学生、家长对择校趋之若鹜。这样的矛盾，其根源究竟为何？如何从政策层面进行尽可能科学合理的设置，解决择校与就近入学之间的矛盾呢？

一、多样的入学途径

2014年7月，12岁的然然即将从小学毕业走入初中的校园。面对美好的初中生活，从小品学兼优的然然也有很多憧

[①] 魏欣参与本案例编写。

憬，然而，随着毕业日期的临近，然然一家人的生活却陷入了焦虑——然然究竟该走什么样的"路径"升入初中呢？

六年前，然然按照就近入学原则进入了离家最近的小学，开始了他的小学生活。一所普普通通的小学，虽然不起眼，却给了然然快乐的童年和优秀的学习成绩。在学校，然然是北京市三好学生、大队长、班长、主持人、"小学霸"……学习成绩一路领先的她还是个跆拳道"高手"，四年级就已经轻松拿下红黑带；海淀区运动会女子全能第二名、学校里的领操员……而如今，然然却要面临一个"严峻"的问题：是否就近升入所在区域的初中？

然然的困惑并不是没有道理的，按照北京市海淀区的初中入学政策，她所在的学区有五所派位中学可供选择。然然的父母虽不是很挑剔的人，也深知孩子的学习并非全由学校教育决定，然而面对这五所学校也犯了难。尽管可以挑选的学校并不少，但只要简单了解一下便可以知道，这几所学校的教学质量着实让家长担忧，每年能考上大学的学生寥寥无几，想要从这几所学校考入好一些的高中也基本无望。面对这样的情形，一家人不由自主地想到了升学的另一个途径——择校。在然然所在的区，择校的方式多种多样：推优生、特长生、共建生、民办学校……临近毕业，每一种形式几乎都被家长们挨个考量一遍。幸运的是，然然在小学的各方面表现一直很优秀，即使不用父母"出面"也可以顺利参加推优或者特长生考试。出于对未来发展的考虑，家长为然然选择了通过"推优"的方式进入中学，并最终顺利地"推"上了一所北京市重点中学，一家人的心总算踏实了下来。

二、愈演愈烈的入学方式之争

像然然一家的纠结其实并不是个案，几乎每一个面临升学问题的家庭都要经历这样的过程：衡量就近入学的学校是否优秀，寻找其他进入好学校的方式。这其中，不可避免地产生了巨额择校费、教育腐败等问题。然而归根结底，这些问题的背后其实都是教育资源的分配不均造成的。试想如果在家门口就能享受到优质的教育资源，有谁会愿意将孩子送到更远的地方去读书呢？

为了解决择校问题，北京市政府近年来出台了多项政策降低择校生比例。

自 2014 年起北京市教委明确规定严格控制特长生招生，控制艺术、科技和体育类特长生招生的学校数量以及招生计划，招生比例逐年降低。在招生学校资质方面，明确规定以下三类学校有资格招收特长生：体育类包括"北京奥林匹克教育学校体育后备人才培养基地、国家级体育传统项目学校、北京市体育传统项目学校"；艺术类包括"北京市学生金帆艺术团、北京市中小学艺术教育特色学校"；科技类包括"北京金鹏科技团、北京市中小学科技教育示范学校"等。招生人数也比往年有大幅度减少，其中，2014 年全市招收体育特长生的学校共有 104 所，比 2013 年减少了 50 余所，而在将来，特长生的招生比例会逐年缩小至 5% 以内。值得一提的是，自 2014 年起北京市在义务教育入学工作中明确提出了取消"共建生"政策。

一边是家长们绞尽脑汁的择校风潮，另一边是政府对强化义务教育就近入学的种种新政，似乎形成了一种很难调和的矛盾。近年来，就近入学已很难被大多数家长和学生所接受，特别是在当前的高考制度和就业压力之下，便利与优质的教育资源之间的选择是显而易见的。名校办学规模不断扩张，众多家长和学生想方设法在自己心目中的名校中占有一席之地，而一些基础较差的学校则面临生源的严重不足，我国义务教育出现了由于教育资源分布不均导致的学生就读分布不均的现实，背离了义务教育就近入学的要求。

三、就近入学与择校背后的"公平"

正当人们对择校还是就近入学展开轰轰烈烈的讨论之时，我国教育界的学者们也纷纷提出了不同的观点。对于就近入学的质疑，北京市教育局分管招生工作的负责人早在 1995 年年初就在《光明日报》《中国教育报》等报刊发表文章，表示："就近入学是义务教育平等原则的基本标志，其基本含义是无选择入学，即学校不能挑学生，学生也不能挑学校。"也就是说，就近入学政策的提出旨在促进教育公平，使每个学生都享有相同的受教育权利。在这个背景之下，李政曾提出"择校侵犯了其他儿童的就近入学权利"这一观点，他认为"一所公办学校的学位是有限的，是根据就近入学的儿童数量来确定的，如果扩大了非就近入学儿童的比例，必然就缩小了就近入学儿童的比例，使一部分应享有就近入学权利的儿童失去就近入学的机会"。因此，择校现象在一定程度上剥夺了其他学生享受教育公平的权利。

与之相反，还有一部分人认为，就近入学并非真正意义上的教育公平，只是一种形式上的平等，并不完全是实质上的平等。我国目前的就近入学只是从各项政策法规上进行了各种规定，是一种形式上的平等，然而从其实施的实际效果来看还不能算是实质上的平等。学生通过就近入学的方式进入学校学习，还将面临教育资源配置不均带来的种种不平等。在目前阶段，不同的学校之间在师资力量、教学水平、硬件设施等方面都存在着巨大的差异，这都削弱了就近入学对教育公平的促进作用，使得择校现象愈演愈烈。不可忽视的是，选择权同样是公民的基本权益。从法理角度讲，选择适合的教育是学生的一项基本权益。这在联合国1948年通过的《世界人权宣言》以及我国的宪法和教育法律中都可以找到相关依据。因此，择校行为本身并不能完全被看作是就近入学或者说教育公平的对立面。促使择校成为教育公平一大阻碍的原因，在于择校过程中产生了大量的教育资源分配不均、加重家长负担、引发教育腐败等现象。

四、可协调的择校与就近入学

择校问题与就近入学本身并不矛盾，关键在于二者如何协调发展，共同促进教育公平。笔者认为，完善义务教育就近入学政策与择校之间可以通过以下一些路径寻求解决方式。

（一）统筹教育资源，促进义务教育均衡发展

解决多年来的"择校热"问题，其根源在于教育资源的均衡发展。

首先，学校的建设应统一标准。硬件设施的标准化是实现教育均衡的物质保证，政府在教育资源配置的过程中应保证每一所学校都享有相同的教育资源，使每一个学生都能在良好的环境中学习。

其次，加强薄弱校建设，减少校际差距。中小学薄弱校的存在是诱发择校热的原因之一，这也使得基础教育不能为适龄儿童提供平等的受教育机会。因此，在统一建设标准的基础上，还应有重点地加强一些薄弱校的建设，提高城乡教育整体水平，缩小校际差距。

再次，建立健全教师轮换制度。前两条策略主要通过硬件设施的调整来统筹教育资源，而一所学校办学水平的提高除硬件资源外，更多的还要依靠优质

的师资力量。进行教师轮换，可以平衡优质教师资源。日本、韩国等国家已经建立了较为完善的教师轮换制度，值得我国借鉴。而我国在20世纪五六十年代也曾实行过教师轮换制度。这样的制度大大增强了学校之间的教师交流，可促进教育均衡发展。

最后，积极推行九年一贯制学校建设。九年一贯制学校的学生在小升初阶段不再参加考试和各类选拔，减少了中间环节，可缓解择校压力。同时这一政策还可弥补分散办学的不足，可以集中某个区域的办学优势，合理利用教育资源，有利于教育的均衡发展。

（二）健全监督机制，提高就近入学法律地位

一项政策能否顺利执行，除其本身的合理性外，还有赖于完善的监督机制。实施就近入学政策的一大障碍就在于我国目前还缺少这方面配套的法律法规，规范就近入学的监督管理机制。例如在2014年的"幼升小"入学工作中，北京市建立了统一的入学服务系统网上平台，将每一个学生的入学途径和方式以电子资料的形式全程记录。该措施的推行为学生建立了电子化的信息查询机制，极大地方便了教育行政部门进行查询和监控，加强了学籍的规范管理。同时对2014年的"幼升小"工作进行重点督导检查，全面杜绝违规操作。从2014年的新生入学人数和社会满意度来看，电子学籍等举措可以说是卓有成效。

（三）公立学校"就近入学"与私立学校"择校"协调发展

如何正确理解"就近入学"与"择校"的关系呢？普及就近入学是否意味着完全取消和否定"择校"呢？笔者认为，从法理角度来讲，择校行为本身并非不可，选择合适的学校就读应是学生的一项基本权利，择校带来的有违教育公平的问题才是目前的矛盾所在。近年来，一些学者认为可以把择校看作就近入学的补充，杨金华在《就近入学与择校自由孰是孰非——解读义务教育阶段受教育机会平等权》一文中也曾提到，"择校权本是受教育机会平等权应有之义，是对就近入学原则的必要补充"。就近入学与择校问题的本质在于协调教育的均衡化与教育特色发展的关系，它们之间并非不可调和。在当前政策下，可以推进公立学校实施就近入学，而私立学校则可有重点地发展特色教育，实行"择校"，使二者协调发展，同时满足学生对教育的不同需求。

讨论题

1. 就近入学、禁止择校能否实现教育资源公平分配？
2. 你是怎样理解"就近入学的前提是要做实教育均衡"这一观点的？

推荐阅读

[1] 北京市人民政府转发《北京市教育局关于小学毕业生升入初中的暂行规定》的通知，1993.

[2] 李军. 义务教育阶段就近入学政策剖析[J]. 教育发展研究，2007(12).

[3] 杨金华. 就近入学与择校自由孰是孰非——解读义务教育阶段受教育机会平等权[J]. 中国教育研究论丛，2006(10).

[4] 北京市教育委员会关于2014年义务教育阶段入学工作的意见. 2014.

[5] 杨东平. "小升初"改革何去何从[J]. 中国新闻周刊，2006(4).

[6] 杨中华. 北京小升初：历史、现状、前景[J]. 中华魂，2012(5).

[7] 轩颖. 我国义务教育阶段禁止择校政策的有效性分析[J]. 教育探索，2012(10).

[8] 李政. 北京市义务教育阶段入学制度存在的问题与对策研究[J]. 北京教育学院学报，2007(6).

[9] 杨东平. 北京小升初取消共建生正当其时[J]. 生活教育，2014(9).

案例十一　开得太早的花儿

——记一个 14 岁的辍学男孩[①]

引言：十四五岁的年纪，本应在学校健康成长、接受教育，但阳阳却早早地离开了校园，成为北漂的一员。这并不是中国教育中的个案，还有很多农村学生，他们不能够接受完整的义务教育。但是，国民素质与国家的长远发展紧密相关，中国不仅需要精英促进经济的快速发展，也需要具有良好素质的公民来保证社会的稳定与和谐。因此，在保证"双基"目标实现的基础上，促使农村中小学义务教育质量的提高已经成为我国教育的当务之急。

关键词：辍学；义务教育；改良

一、一位农村教师的经历

（一）初为人师的日子

2014 年 9 月 10 日，我正式成为家乡的一名人民教师，来到位置比较偏僻的一所小学任教。农村学校的校园都是大大的，看起来比较空旷，老师和学生的人数也比较少。因为入职比较

[①] 邢贫香参与本案例编写。

晚，很多基础好的班都已经分配完了，剩下的挑战性就相对大了一些。很荣幸，我被分配到五年级，担任班主任和语文教学工作。五年级的学生并不是很多，只有22个孩子。后来因为工作调动，虽然只和这班学生相处了一年，但给我留下了酸甜苦辣各种各样的记忆。印象最深的是阳阳，他高高的个子，不喜欢说话，听课的效率不是很高，而且每次家庭作业也很少能够完整地交上来。但他是一个很有爱心的孩子。记得有一次，学校图书馆需要进行书籍整理，校长把这项工作分配给了我。由于平时教学任务比较重，于是我就在周末的时候骑车十几里来到学校做这项工作。通往学校的路刚好经过阳阳的家，他看到我向学校的方向走去，于是也到了学校图书馆，帮我整理图书。很感激这个从小没有妈妈，也想念妈妈的孩子……

（二）工作中的困惑

每天的工作按部就班，倒也还井然有序。但是，有一天，当我正在办公室批改作业的时候，忽然学生急急忙忙地来到了我的面前，焦急地说道："老师，您快去看看吧！阳阳和张老师打起来了……"张老师是校长夫人，因为权力比较大，喜欢摆架子，而学校大部分又是教了一辈子书的老教师，所以很多老师都不喜欢和她打交道。顿时，我感觉到了事情的严重性，立刻和学生一起飞奔到教室。眼前的一幕很让我震惊，阳阳和张老师撕扯在一起。阳阳虽然个子很高，但是非常瘦弱；张老师尽管是女流之辈，却相对较为肥硕。张老师用手扯着阳阳的耳朵，而阳阳则不甘示弱，用双手掐着张老师的手。忽然，听到周围同学在喊："流血了……"原来张老师把阳阳的耳朵拽出了血，阳阳也用尖尖的指甲把张老师的手掐破了。我未敢迟疑，赶紧上去制止，张老师却大声说："×老师，你别过来，我看看他今天有多大的能耐，竟然敢和老师对抗……我现在要把他领回家，看看他爷爷怎么教育他的。"说着，她就拽着阳阳，向楼下走去……

因为班里还有其他学生，我想跟上去，但又要上课。临班李老师说："你管不了的，赶紧上课吧！"所以，我就踏着铃声走进了教室。

后来，和同事、班上同学聊天后才知道：因为校长侄女刘云刚刚大学毕业，要考招教，就来我们学校实习，阳阳上课听不懂，就在那里做小动作；刘老师就上前制止，阳阳没有听她的，依然我行我素；刘老师用书拍了阳阳几下，阳阳很生气，就用手轻推一下刘老师。刚好张老师从教室走过，看到这一幕，就来给刘老师助威。于是，就发生了上面的事情。

下课后，张老师回来了，正在和校长说阳阳的事情，我就走近听了听，张老师说："我把他领回家了。"校长说："你不会把他一个人放在家里了吧？这样不安全，万一出什么事情怎么办？""没有，他家没人，我就叫了他婶，让帮忙看着他，等他爷回来……"听到这些，我稍微舒了一口气。

上午快要放学的时候，阳阳被爷爷带到学校。爷爷进门便说："老师，真是对不起，这孩子从小就是我和他奶奶带着他，培养一个孩子不容易啊，你们可千万要让这孩子继续读书，不然他以后又能干些什么呢？"张老师说："那也不能打老师。"阳阳爷爷说："这孩子顽皮的话，你们该打就打，该骂就骂，不用手软。"我和刘老师看了看阳阳的耳朵，虽然不再流血，但是皮肤已经破了，也有些红肿。我对他爷爷说："伯伯，其实阳阳也有很多优点，比如，之前他帮我整理图书馆的图书，还担任了班级图书角的管理员，做得很不错。"刘老师看到阳阳因为自己落到现在的境地，有一些愧疚，于是也跟着说："对，伯伯，阳阳是一个好孩子，他以后会很优秀。"阳阳爷爷听我们的语气有些缓和，就赶忙对阳阳说："阳阳，快点把带的露露拿给老师们，以后要听老师的话，遵守学校的纪律。"阳阳就把手里拎着的饮料一一拿给我们，他先给了我，然后给了刘老师，最后是张老师。我和刘老师虽然接着了，但随后又放在了袋子里。

张老师看到学生家长的态度这么好，就没有再计较，她对阳阳爷爷说："以后让这孩子注意就好了。"阳阳爷爷急忙说："好的，张老师，这孩子以后不会再发生这样的事情了。"放学铃声响起，阳阳就随同爷爷回家了……

望着他们的背影，我在想：这件事全是阳阳的错吗？

（三）为什么不上学了？

一直就有的目标与梦想，助我再次回到校园，学习知识。新的生活忙碌且充实，欢乐且难忘。一天，忽然接到一个陌生的电话："老师，您还记得我是谁吗？"我很诧异，因为刚到这个城市，举目无亲，我想不出这个操着乡音的来电者到底是谁。我问道："抱歉，我真的不知道你是谁？你能告诉我吗？""哈哈……我是阳阳啊，老师！才两年，您就把我给忘了？"电话那边高兴地说道。我很惊喜，一方面学生还记得我，我很开心；另一方面为什么他才14岁，就来北京？"阳阳，是你啊？你和家人来北京旅游吗？"我问道。阳阳说："不是旅游，我来上班了。""你来上班？那你班主任知道吗？"我满脑的疑惑。"他知道。"阳阳回答说。碍于学生的面子，我没有继续追问，而是和他约好了日子，请他吃饭，聚一聚。但是，心里不仅感觉到自责，也有一些遗憾和惋惜。

终于抽出了一天时间，坐了一个多小时的地铁，来到城市的另一边和学生会合。在一家饭馆，我问他："想上学吗？""不想。"阳阳很平静地回答。"想家吗？"我又问道。"现在就想回家，每天都在想家。"阳阳的眼睛突然亮了起来。听到这两句话，我的心里一阵痛楚。"不想上学""现在就想回家"，一个刚刚满14岁的孩子，就早已经被学校教育磨灭了自信心和好奇心，最终被迫走上了跟着亲戚外出谋生的道路。十四五岁的年纪，还是长身体的关键阶段，但他已经背井离乡，每晚上着夜班，过着本不该这么早就属于自己的生活。

青少年是祖国的未来和希望，中国13亿有人口，有87 665所初中和高中、322 094所小学，如果每所学校辍学一个孩子，那么，每年就有409 759名学生过早地进入社会。良好教育的缺失，降低了他们成为中国高质量人才的概率，也为社会的稳定与和谐发展埋下了不小的隐患。即便每年只有辍学者中的1%走上了犯罪或者违法的道路，那么整个社会和国家也将需要付出10倍的代价，来弥补这将近4 100人所带来的破坏。建好一所学校，胜过建起十座监狱。怎样才能够保证学生接受高质量的中小学教育，真正以均衡发展的教育，来实现对学生个人、整个社会及国家的公平？

二、国内外义务教育面临的挑战

（一）国外

义务教育均衡发展是实现教育公平的重要举措，也是提升国民素质、培养优秀人才的关键步骤。世界上，不管是发达国家，还是发展中国家，都十分重视每个孩子的受教育机会平等。据联合国教科文组织统计，在德国等发达国家，其义务教育年限已达到12年；而在南非、孟加拉国等发展中国家，其义务教育年限也已经达到5～9年。但是，教育的实施不仅与数量相关，与质量也有极为紧密的联系。近年来，世界各国的辍学人数不断增长，这越来越引起全球人民的普遍关注，也无疑是向全世界义务教育质量提出的巨大挑战。例如，1996 年，日本就有 111 989 名学生离开国立和私立高中，辍学率达到了 2.5%；在法国，每年大约有 6 万名初中或高中学生中途退学，且以初中生为主；1997 年，澳大利亚的高中升学率已经由之前的 80% 降至 65%；而美国每年也有将近四分之一的学生流失，这着实让教育者感到担忧。

辍学不仅导致了国家公共教育资源的浪费，而且给整个社会的稳定带来了较大的挑战。很多学生在退学之后，并不能立刻找到合适的工作岗位，这不仅加剧了就业压力，也提高了青少年犯罪的可能性。因为辍学率的增加在一定程度上也代表了失业率的增加，人们在长期失业的情况下非常容易走上犯罪的道路，"辍学—失业—犯罪"，这已经成为一个恶性循环，也是非常不利于社会稳定的安全隐患。

（二）国内

在我国，义务教育阶段学生的辍学率一直相对较高。自 1978 年至 1994 年，共有 17 批"九年义务教育学龄人口"应在 1994 年之前完成义务教育，但是，高达 43.62%（即 18 292.5 万人）的辍学人口构成了文盲与半文盲人口的主力军。[①]近年来，随着市场经济的快速发展，人们的意识发生很大转变，不仅"读书无用论"侵蚀着人们的思想，网络等越来越多的诱惑也对学生形成较大的挑战和考验。尤其在农村地区，很多农民外出务工，成为沿海城市代工工厂的中坚力量，例如在广东省，现有农民工就已达 1 900 万人，成为全国农民工的主要接纳地。然而，一些刚毕业的大学生，尽管接受了十多年的教育，但低廉的报酬显然不能和打工者相提并论。这种体脑倒挂的现象，也促使许多"自愿性辍学者"的产生。所谓"自愿性辍学"，是指学生在学习兴趣不高、青春期心理发展的特殊性等内部因素，以及经济诱惑、同伴引导、老师及家长的默认等外部因素的影响下，离开学校过早进入社会参加工作的现象。

---

① 李尚勇．关注我国义务教育失学问题——17 年义务教育失学人口知多少？[J]．国家教育行政学院学报，2006（7）．

"自愿性辍学"已经成为当今农村义务教育阶段学生辍学的主要原因。在前文14岁男孩阳阳的例子中,其同班同学在得知阳阳已经离开学校、参加工作之后,也表示想要退学;在班主任老师的建议下,阳阳通过电话说服他们,让其同学继续留在学校学习知识。但是,由于厌学等因素的存在,这些学生虽暂时继续留在校园,其进步与提高却已有限,也注定了其自身潜能的开发十分困难。这也是目前国内很多学生的现状,他们构成了辍学大军的主要人群。

三、我国农村中小学生辍学的原因分析

目前,对辍学的界定还没有统一的标准,在教育部进行的教育事业统计中,"辍学学生是指除正常的毕业(结业)和升级、留级、转学、死亡以外,其他所有中途不再上学而离开学校的学生,其中包括:休学、退学(办手续和不办手续)、开除、转学转出但未在另一所学校继续上学的学生"[①]。在本文中,笔者将"辍学"界定为学生在上学期间离开学校而不能顺利接受相应教育的现象。那么,究竟存在哪些原因,导致农村学生辍学情况的发生呢?结合对前文个案的研究思考及相关文献资料的查阅,笔者将其原因总结如下。

(一)核心因素——学生厌学

对学业的厌倦,是导致学生辍学的首要原因,很多家长希望学生继续在学校读书,但是由于学生本人学习兴趣的缺乏,导致其学习动机不足,具体表现在基础知识欠缺、学习兴趣丧失以及青春期独特的心理发展特点几个方面。

1. 基础知识欠缺。小学阶段,多数学龄儿童学习困难的因素特别突出。[②]由于生理发展的限制,同一个学生将会经历不同的发展阶段,呈现出不同的发展特点;而不同的学生,也将会在其心理发展上呈现出较大的差异性。因此,针对学生开展的教育也呈现出了阶段性和特殊性的特点。在受限于学生生理发展的同时,家庭教育与学校教育也非常重要。案例中,阳阳是一个聪明的孩子,但是由于他从小没有妈妈,爸爸在外漂泊打工,爷爷奶奶知识水平有限,

---

[①] 都丽萍. 对辍学率反弹问题的几点认识[J]. 中小学管理,2005(12):18-20.
[②] 廖其发. 关于我国农村义务教育阶段学生辍学问题的研究[J]. 国家教育行政学院学报,2004(2):34.

阳阳遇到学业上的困惑时很难得到及时的辅导，日积月累，就成为学习上的"待进生"，很难赶上班级大多数学生的步子了。

2. 丧失学习兴趣。随着年级的上升，中小学教材的编写思路也随之愈加严谨，由于知识的环环相扣，某阶段知识的欠缺，也会带来下一个阶段知识学习的断层。阳阳就是在小学阶段没有打下良好的学习基础，才会在进入初中时因为学业不良而产生一系列问题，最终完全对学习丧失了兴趣和热情，而早早地离开校园，参加了工作。北京大学陈向明教授曾针对辍学学生开展了一项个案研究，其研究对象小明正是在对学习完全丧失兴趣后，才离开校园，早早开始外出谋生，这也是我国很多学生辍学的一个至关重要的原因。

3. 青春期心理特点。著名心理学家皮亚杰将个体的心理发展分为八个不同的阶段，且每个个体在不同阶段都会面临不同的心理危机和发展任务（见表11-1）。其中，6~12岁（即小学阶段）主要面临勤奋对自卑的心理危机，学生既可以通过勤奋获得学业上的成功，克服自卑感，体验自身能力实现的成就感，也可能因为学习上的懒惰，不能及时完成学业，落后于其他同学，从而导致自信心的丧失。12~20岁的青少年期则主要面临自我同一性对同一性角色的混乱。本阶段的个体处于由幼稚向成熟发展的转折期，他们开始思考"我是谁""我从哪里来""我到哪里去"等方面的问题，并追求自身思想、行为等方面的独立；同时，本阶段个体也十分容易受同伴影响，同学或朋友成为他们发展过程中的"重要他人"。对自身独立的追求，以及周围同伴的影响，都已成为青春期学生走向辍学的重要原因。

表11-1　埃里克森的心理发展阶段论

大致年龄	心理危机	主要发展任务
0~1岁	信任对怀疑	满足生理上的需要，发展信任感，克服不信任感
1~3岁	自主对羞怯	获得自主感，克服羞怯和疑虑，体验意志的实现
3~6岁	主动对内疚	获得主动感，克服内疚感，体验目的的实现
6~12岁	勤奋对自卑	获得勤奋感，克服自卑感，体验能力的实现

续表

大致年龄	心理危机	主要发展任务
12~20岁（青少年期）	自我同一性对同一性混乱	建立自我同一感，防止同一性混乱，体验忠诚的实现
20~40岁（成年初期）	亲密对孤独	获得亲密感，避免孤独感，体验爱情的实现
40~65岁（成年中期）	繁殖对停滞	获得繁殖感，避免停滞感，体验关怀的实现
65岁之后（成年晚期/老年期）	自我完善对绝望	获得完善感，避免失望和厌恶，体验智慧的实现

（二）文化因素——读书无用论

市场经济的快速发展，既带来了我国人民生活水平的提高，也给人们的思想带来了较大的冲击。基于我国丰富的人力资源，西方发达国家纷纷将第二产业转移至我国，改革开放后一度掀起的"打工热""打工潮"，既解决了我国人力资源过剩、工作岗位不足的现状，也推进了我国经济的飞速发展。由于沿海及内地一些较大的代工工厂，如富士康等，在进行人员招聘时并不需要太高的学历水平，所以，很多农村孩子在求学阶段就选择进工厂工作。

而一些选择继续在学校读书的大学生，他们在毕业后找到的工作，其待遇与报酬甚至还比不上早早参加工作的辍学者。这种体脑倒挂的反常现象加剧了"读书无用论"的社会思潮流行，也影响了学生的求学观念，增加了学生辍学的数量。但是，代工企业是用统一的标准来要求其员工的，这在一定程度上抹杀了人才的多样性。根据美国著名心理学家霍华德·加德纳（Howard Garder）的多元智能理论，每个人都拥有八种不同的智能（见表11-2），这几种智能以不同的数量与结构存在于他们身上，因此，我们不能简单地以同一个标准来评价学生或者员工，而应该全面、系统地看待一个人的优势和潜力。

表 11-2 加德纳的多元智能理论

语言智能	有效地利用口头或书面语言的能力
音乐智能	感知、欣赏和创作音乐的才能
数理逻辑智能	有效利用数字和逻辑推理的才能
空间智能	准确感知视觉空间时间的才能
身体运动智能	善于运用身体来表达内心感受的才能
人际交往智能	察觉并区分他人的情绪、意图、动机的才能
自我认识智能	又称为自我反省的能力，主要指接近自己内在生活情感的才能，是有关人的内心世界认知的才能
自然观察者智能	对自然界中的各种事物进行观察、辨认、分类，能够洞察自然界独特之处的才能

（三）经济因素——利益诱惑

由于农村地区生活的相对艰辛，一些学生为了给家人减轻经济负担，早日为家庭做贡献，而选择辍学打工，在工作几年后，将劳动所得报酬用于家庭生活条件的改善（盖楼房、在城区买新房、娶媳妇等），这无疑会对周围人的思想观念产生较大影响。于是，更多的学生就选择了提早退学、外出打工的发展道路。因此，眼前利益的诱惑是一个导致学生辍学的重要的经济原因。

美国经济学家舒尔茨在其人力资本理论中提出：与物力资本相对应的是人力资本的存在，人力资本主要表现在个体所拥有的知识、技能、经验、健康等；人力资本与物力资本的最大不同是，它属于人的一部分，表现在人身上；同时，它又是一种资本，是未来满足或者收入的来源。[①]此外，舒尔茨还认为，人们的受教育水平作为一种人力资本投资，它也是影响个人收入增长和收入差别缩小的根本原因。然而，辍学者由于仅看到近期利益，忽视了远期利益，这就无形中导致了人力资源的浪费，并阻碍了长期经济效益的实现。

（四）直接原因——工作机会

美国心理学家马丁·科温特在其学习动机的自我价值理论中提出，保护自

---

① 江涛. 舒尔茨人力资本理论的核心思想及其启示[J]. 扬州大学学报（人文社会科学版），2008, 12（6）：84-87. DOI: 10.3969/j.issn.1007-7030.2008.06.016.

我价值是学生学习动机的一个重要方面,学生为了逃避失败并进行自我保护而采取假努力、自我妨碍行为以及保证成功等策略。[①] 当他们在遇到周围有适合的工作机会时,比如亲戚、朋友等工作岗位的介绍,就很有可能选择参加工作。案例中阳阳就是因为有亲戚能够提供工作机会,且阳阳本人在学校找不到实现自我价值的感觉,所以才会离开校园到外地打工。这也是导致学生辍学的直接原因。

在阳阳的同学中,依旧存在想要离开学校出外打工的,但是,正因为工作机会的缺乏,所以他们依旧待在校园,成为学校里的隐性辍学学生(即由于家长的反对等原因,而不得不继续留在学校,但不能够按时完成学业,也并不把学习当成自己的任务,仅仅是坐等着拿一个毕业证而已[②])。因此,从中不难看出,工作机会是影响学生辍学率的重要原因。

(五)间接原因——老师和家长的态度

老师和家长的态度也是影响学生辍学的重要原因。因为早期良好家庭教育的缺失,学生没有及时养成较好的学习习惯和学习态度,以致其学习成绩、学习纪律等远远落后于其他同学。这在小学高年级和中学阶段带来的直接后果就是学生学习兴趣的大大降低。而当学生在诸多因素的影响下离开学校时,老师和家长又迫于外在压力(升学率、成绩、缺少科学的教育方法、经济因素等),而不能够对学生进行及时、成功的挽留,这就增加了学生选择辍学的概率。所以说,老师和家长的态度是影响学生辍学的间接原因。

四、建议

如何降低农村地区学生的辍学率呢?笔者认为,可以从以下几点做起。

(一)教师尽职尽责

兴趣是最好的老师,也是学生获得学业成功、降低辍学率的关键因素。虽然教育万能论备受质疑,但一个全心全意教育学生的老师,总会优于墨守成

[①] 王婷婷,吴庆麟. 学习动机的自我价值理论及其对教学的启示[J]. 教育探索,2007(10):129-130. DOI:10.3969/j.issn.1002-0845.2007.10.071.

[②] 王景英. 农村初中学生辍学原因及对策研究[J]. 东北师大学报(哲学社会科学版),2005(1):127-132. DOI:10.3969/j.issn.1001-6201.2005.01.022.

规、因循守旧的老师。前者既熟练掌握任教学科知识，又能够灵活变化教学方法，根据学生的个性特征、兴趣爱好等因材施教，学生在他们的课堂上可以保持较为长久的学习热情。在学生出现各种问题时，合格且优秀的老师能够及时将问题解决在萌芽状态；即便在付出努力后收效甚微，也能够保持较为积极向上的态度，用自我的行动来影响学生。

（二）家长以身作则

孩子是家长的影子。家长在学生的发展中处于十分重要的位置。首先，是对学生学习习惯养成的影响。在小学阶段，学生各方面差别并不是很大，对基础知识的学习基本属于同一水平，但学习习惯的好坏，则决定了学生在小学高年级和中学阶段对知识的掌握程度。其次，是对学生学习态度的影响。家庭教育的缺失，非常容易导致"5+2=0"现象的产生。尤其是在教育理念方面，一些家长认为读书无用，即便获得高学历、高文凭，最终也是要参加工作，因此倒不如提前进入社会。这种错误的思想观念应该进行转变，家长最好能够意识到教育的重要性，充分挖掘孩子的潜力，让他们拥有一个更好的未来。

（三）加强政策支持

国家应该加强对中职、师范院校的政策支持，用免学费、学业补助等方法将学业不良的学生留在校园，为他们提供较好的发展自我的机会。此外，各地政府要做好政策的宣传，让家长和学生能够更好地进行选择。

思考题

1. 如果你是阳阳的班主任，会怎么处理他和老师发生争执的事情？
2. 从以上案例中，你还有什么其他体会？
3. 你觉得，降低农村地区学生辍学率的方法都有哪些？

推荐阅读

[1] 聂江. 以基尼系数衡量的教育不平等与中国的实证研究[J]. 市场与人

口分析,2006(4).

[2] 邬巧云.农村中学教育的发展困境及原因[D].合肥:安徽大学,2005.

[3] 杨广苹.没有爱就没有教育[J].教学周刊,2011(19).

[4] 田里.中国义务教育经费配置的公平性分析与政策建议[D].长春:东北师范大学,2007.

案例十二 爱"偷"东西的女孩[①]

引言：缤纷多彩的童年，不仅有游戏时的欢声笑语，还可能存在着犯错误时的忐忑不安；缤纷多彩的童年，不仅有父母的呵护备至，还可能需面对社会的无情与冷漠。与大多数孩子不同，涵涵不能拥有一个无忧无虑的童年，但是，她在经历了一些挫折与考验后，又获得了其他孩子不能拥有的宝贵生活。

2014年4月，我还是家乡一所公办小学的人民教师。班里共有四十几个孩子，每个孩子都有属于他们的独一无二的亮点和优势。但有一个女孩，她与别的学生相比，却有着不一样的地方。她学习成绩优异，性格温顺乖巧，上课遵守纪律，但学生和家长总向我举报，说她爱"偷"别人的东西。

下班后的一天，我骑着车走在回家的路上，远远看到一位家长正在和她讲话，走近一看，才看清是班上小娟的妈妈。我急忙下车，询问事情的来龙去脉。小娟妈妈说："邢老师，你看看，这是我昨天给小娟买的新橡皮，刚才从她的书包里找出来的。"我说："小娟妈妈，这橡皮也有可能是涵涵自己买的呀？"小娟妈妈说："不可能，小娟经常丢东西，她们两个人坐在一起，我觉得就是她拿的。"我说道："小娟妈妈，坐同桌不一定

[①] 邢贫香参与本案例编写。

代表就是涵涵拿的啊？"小娟妈妈依旧很坚持，她说："邢老师，你问一下小娟，她的东西经常丢。"我看了看小娟，她点了点头，说："老师，她经常拿我的学习用品，这块橡皮就是我妈妈刚刚从她的书包里找出来的。老师，你看，这块橡皮上面还有我做的标记。"我照着小娟指着的位置看去，在那里真的有一小块儿缺口。我看了看涵涵，只见她低着头一声不吭，不知所措。

又想起前一年10月份我去涵涵家家访时的事情，那次因为要交照学籍照片的费用，班上所有别的同学早都交过了，唯独她迟迟没交。于是，下班后我来到了她的家里，了解具体的情况。原来，她小小年纪却已经经历了那么多的事情：幼时丧母，从小和一位姐姐、不能下床的双胞胎哥哥和爸爸住在一起，由于家里共有三个孩子，她爸爸一个人难以承担这么大的负担，所以最小的涵涵就被寄养在阿姨家里。她只是一个几岁的孩子，却要承受寄人篱下的辛酸和无奈。想到这里，我仿佛感觉到了涵涵此刻的无助和害怕。不能够伤害她，她只是一个可怜的、善良的孩子，所以，我对小娟妈妈说："小娟妈妈，您看这样行吗？让涵涵把小娟的橡皮还回去，然后再让涵涵给小娟赔礼道歉怎么样？她毕竟是一个孩子，对于大多数学生来说，犯错误可以原谅，涵涵犯错误也应该得到我们的原谅，不是吗？这件事情我会严格处理的，小娟妈妈，请您放心！"小娟妈妈思考了一下说："这孩子和我们家离得很近，我知道她的家庭情况，但是这也不能成为她偷东西的借口啊！"然后，她对涵涵说："你得记住，以后可不能再拿别人的东西了，这可是不对的。"涵涵一时不知所措，我对她说："涵涵，你如果知道自己做错了，那就向小娟道个歉吧！"涵涵抬起头看了看我，然后对小娟说："小娟，对不起，我以后再也不拿你的东西了。"小娟笑着说："没事的，我们还是好朋友。"看着她们已经把这件事情说清楚了，小娟妈妈说："那好，涵涵，我相信你以后不会再拿小娟的东西了，小娟，我们走吧。"看着小娟和她妈妈渐渐远去的背影，我忽然意识到自己应该做点什么事情。

于是，我对涵涵说："涵涵，上车，老师找你有些事情。"她听后有些犹豫和担忧，我告诉她："别害怕，去了你就知道了。"她就慢慢地爬上了我的自行车，我带着她来到了学校门口的小卖部。把车停好后，我看到涵涵的眼里没有了恐惧，但是多了份困惑。一进店里，我就问她："涵涵，你看看想要哪些笔和文具？"看她有些不知怎么做选择，我就帮她挑笔、本子、橡皮、文具盒等学习用品，付过钱走出小卖部以后，我拿出了两支铅笔和一块橡皮交给她，并说："你先用着，等用完的时候再来找老师要。"想起她阿姨一直以来对这孩子的严厉，我又说："如果你阿姨问起你这些笔和橡皮的由来，你就说这是你表现好，我奖励你的。"她回答道："好的，老师。""对了，涵涵，这个文具盒也是给你准备的，但是你必须靠自己的努力挣到，你如果下次考试能够考到班里前三名，并且没有一个同学来打你的小报告，那么老师当着大家的面把这个文具盒奖励给你，好吗？"我问道。涵涵说："老师，我会努力的。"把她送到离家最近的路口后，我就和她分开了，看着她脸上重新露出了笑容，我的心里也很高兴。

  骑着车，穿行在碧绿的田野中间，我又禁不住想起了之前的事情，记得第一次发现涵涵偷东西的时候，我只是觉得她年龄太小，还不懂事，所以只是把她叫到教室门口，告诉她偷东西是不对的，当时并没有像其他老师那样训斥她或者采用别的惩罚方式。本以为形成了正确的道德认知后，学生就可以继而形成正确的道德情感、道德意志，并最终形成良好的道德行为，但是，过了一段时间，就又有学生告诉我，涵涵拿别人的学习用品。我顿时感觉很无措，上午第二节课后做完集体操，我把涵涵和另外一名学生带到办公室，开始和他们聊天。一边询问事情的具体经过，一边观察涵涵的一举一动，最后她承认了自己的错误。我让另外一个同学回到了教室，然后，对她说："老师知道你家里所有的事情，但正是因为你的特殊经历，所以你才要比别人更加努力。引起同学和老师注意的方法有很多，超过其他同学的方法也有很多，不用向他们炫耀你有多少铅笔、橡皮、多贵的学习用品，只要能好好学习，多学知识，你照样能吸引别人的注意力。我知道你是一个善良的好孩子，也相信你能够靠自己的努力改变之前的错误，变得越来越好。"虽然她没有说话，但是她湿润的眼睛告诉我，她明白老师说的每一句话。想起每个人人性中潜藏的那份优点和弱点，以及成年人有时的懒惰或者不能自律，总是需要外在的约束与引导，所以我决定采用恩威并施的方法，来督促她早日改掉偷东西的习惯。

  我继续对涵涵说："涵涵，老师明白你偷别人东西的原因，你有自己的苦衷，但是，不是自己的东西就不能拿，拿了就是犯错。每个犯错的人都得受到惩罚，老师是这样，你也是这样。所以，今天老师要对你实施惩罚。你同意吗？"她说："同意。"于是，我拿起办公室的鸡毛掸子，开始敲她的小手，一共十下，不是很重，也不是特别轻，我更希望这十下不是打在了她的手上，而是打在了她的心里。但是，我虽然在荀子和韩非子的指引下教育了学生，却忽视了心理学家马斯洛的需要层次理论。现在她又被人发现了偷东西，到底怎么做，才能够真正帮助她早点渡过这次考验呢？想着这些问题，我提高了车速，往回家的方向走去。

日子依旧平平淡淡地走过。几天后，早自习刚下课，涵涵就跑到了我的面前，小声说："老师，我的笔用完了。"我笑着说："那你和我一起来办公室吧！"到办公室后，我就打开抽屉，拿出那天我们一起在学校对面小卖部买的铅笔，她慢慢地拿出来一支，看着我笑一笑，我说："还有事吗？"她说："没有了，老师。""那就去玩吧！"我看着她说。于是，她就蹦蹦跳跳地出了办公室。又过了很长一段时间，有一天，她高兴地对我说："老师，昨天我阿姨给我买了很多的铅笔和本子。"听到这个消息，我很高兴："真的吗？太好了！你以后要好好学习，来答谢阿姨对你的付出。"其实，这才应该是涵涵偷东西的原因所在，听别的家长说，涵涵的阿姨总爱打牌，给自己的孩子什么都买，但是涵涵的学习用品却经常不能够保证。作为一名学生，没有学习用品，对于一个孩子来说，他能够想到的最好的方法大概就是偷了。马斯洛在需要层次理论中提出，人的需要包括：生理需要、安全需要、归属与爱的需要、尊重的需要、自我实现的需要；各种需要由低层次向高层次排列，只有当人的生理需要得到满足时，才可能出现更高级的、程度更高的需要，如安全需要、归属与爱的需要等。而涵涵偷窃行为的出现，正是因为她最基本的生理需要没有得到满足，这与她的本性好坏无关，更多的是外在环境和客观条件的限制。

令人欣慰的是，从那往后，班上丢东西的现象少了，也再也没有人来老师面前打小报告，说涵涵拿别人的学习用品了。期末总结大会上，涵涵做到了，她考到了班里的第二名，作为家长，她阿姨光荣地站在颁奖台带上了大红花，并和涵涵一起合影留念，她们笑得都很开心、很灿烂。而那个承载了我们约定的文具盒，也成了她奖品的一部分。

讨论题

1. 如果你是涵涵的班主任老师，会怎么处理她的偷窃问题？
2. 以较好处理学生偷窃行为为出发点，你赞同文章中哪一个理论？为什么？
3. 你还能提出其他理论来帮助解决文章中的问题吗？

推荐阅读

［1］陈琦．当代教育心理学［M］．北京:北京师范大学出版社，2002．

［2］章志光．小学教育心理学［M］．北京:科学出版社，2003．

［3］［美］林格伦．课堂教育心理学［M］．章志光，等，译．昆明:云南人民出版社，1983．

案例十三　如此"减负"[①]

摘要：提到给中小学生"减负"人们并不陌生，因为给中小学生"减负"的政策在我国已经实行得沸沸扬扬、如火如荼。但是，"减负"的效果似乎距离预想的效果相差较远。学生累、家长累、学校更是筋疲力尽。问题出在了哪里？通过对"减负"史的浏览，我们从知识与信息的增长、政策与现实的脱离、教师的苦衷和评价制度的不协调这四个方面对"减负"效果进行了诠释。与此同时，我们不可否认我国的教育在国家发展过程中起着举足轻重的作用，是国家迅速发展的助推器。

关键词：减负；减负政策；人力资本

下面这两张照片（见图13-1）是北京两个培训机构假期培训课程报名的现场。家长们个个胸有成竹，想必早已对即将进行的各类培训课程了如指掌，为自己的孩子做了最好的计划，就等排到自己缴付相应的学费了。

这些培训课程着实价格不菲。根据国家统计局的统计年鉴来看（见表13-1、表13-2），在城镇，文教娱乐类的消费仅排食品与交通和通信两个方面的消费之后，远远超过衣着、居

[①] 张道璐参与本案例编写。

住、医疗和家用设备这些重要消费方向的费用。

图 13-1　北京两个培训机构 2014 年假期培训报名现场

表 13-1　2004—2013 年北京市人民生活城镇居民家庭基本情况

金额/元 项目	2013	2012	2011	2010	2009	2008	2007	2006	2005	2004
人均总收入	29 547.1	26 959.0	23 979.2	21 033.4	18 858.1	17 067.8	14 908.6	12 719.2	11 320.8	10 128.5
人均消费支出	18 022.6	16 674.3	15 160.9	13 471.5	12 264.6	11 242.9	9 997.5	8 696.6	7 942.9	7 182.1
食品	6 311.9	6 040.9	5 506.3	4 804.7	4 478.5	4 259.8	3 628.0	3 111.9	2 914.4	2 709.6
衣着	1 902.0	1 823.4	1 674.7	1 444.3	1 284.2	1 165.9	1 042.0	901.8	800.5	686.8
居住	1 745.1	1 484.3	1 405.0	1 332.1	1 228.9	1 145.4	982.3	904.2	808.7	733.5
设备	1 215.1	1 116.1	1 023.2	908.0	786.9	691.8	601.8	498.5	446.5	407.4
医疗	1 118.3	1 063.7	969.0	871.8	856.4	786.2	699.1	620.5	600.9	528.2
交通和通信	2 736.9	2 455.5	2 149.7	1 983.7	1 682.6	1 417.1	1 357.4	1 147.1	996.7	843.6
文教娱乐	2 294.0	2 033.5	1 851.7	1 627.6	1 472.8	1 358.3	1 329.2	1 203.0	1 097.5	1 032.8

而农村，由于交通、居住和医疗的不便，使得文教娱乐方面的消费远低于以上方面的消费。

表 13-2 2004—2013 年北京市人民生活农村居民家庭基本情况

金额/元 项目 \ 年份	2013	2012	2011	2010	2009	2008	2007	2006	2005	2004
人均总收入	8 895.9	7 916.6	6 977.3	5 919.0	5 153.2	5 153.2	4 140.4	3 587.0	3 254.9	2 936.4
人均消费支出	6 112.9	5 414.5	4 733.4	3 859.3	3 504.8	3 159.4	2 767.1	2 415.5	2 134.6	1 754.5
食品	2 054.5	1 863.1	1 651.3	1 313.2	1 180.7	1 135.2	967.6	835.5	770.7	629.9
衣着	437.7	396.1	341.1	263.4	231.9	211.1	192.6	167.3	147.9	119.6
居住	1 169.3	1 054.2	930.2	801.4	772.6	642.3	540.1	438.3	342.3	297.2
设备	384.5	341.4	308.6	233.6	204.5	173.6	148.7	126.1	110.9	89.0
医疗	613.9	513.8	436.8	326.0	287.5	246.1	210.2	191.5	168.1	130.6
交通和通信	795.8	652.8	547.0	461.1	402.9	360.2	328.4	328.4	245.0	192.6
文教娱乐	485.6	445.5	396.4	366.7	340.6	314.5	305.7	305.1	295.5	247.6

早在 2004 年，中国人民银行在第四季度关于"储蓄目的"的调查中发现，居民的储蓄目的中，攒教育方面的费用排名第一，远超养老、买房、医疗等重要方面的费用。

在学校，学生"快乐"地学习，然而在课外学生会在家长的带领下，到各类培训班中进行"充电"，孩子、家长苦不堪言。据初步调查（见表 13-3），89% 的学生周末的时间都会参加课外培训。

表 13-3 北京市某小学随机调查周末时间安排表

周末安排		
内容	频率/次	比例/%
逛公园	17	11.0
参加课外班	89	57.4
看望老人	15	9.7
在家活动	27	17.4
系统（其他）	7	4.5
合计	155	100.0

到此，不得不提出当前的教育背景——在我国，给中小学生"减负"政策已实施了几十年。学生真的"减负"了吗？在初等教育小学阶段，是否还需要如此"减负"？

一、什么是"减负"

《现代汉语词典（第六版）》将"减负"简单地解释为"减轻过重的、不合理的负担"。部分学者曾将中小学生"减负"归结为三个层面：一个是学习层面的负担，一个是心理层面的负担，最后则是经济层面的负担。

在过去的几十年里，校方已经为中、小学生减负做了大量工作，年年老生常谈，但是效果却并不乐观。个人的发展离不开家庭、学校和社会三个方面的因素，我们只在学校单方面进行"减负"，效果微乎其微也在情理之中，若三个方面紧密结合在一起同时进行，"减负"难题必然会迎刃而解。

二、回顾"减负"的历史

（一）古代"减负"史

"学而优则仕"是古代教育的终极目的，历代明君择优而仕、任人唯贤，莘莘学子"两耳不闻窗外事，一心只读圣贤书"，从小就接受着"首孝悌、次见闻、知某数、识某文"等"优良传统教育"。苦读数载，走入科考考场，落得名落孙山的悲惨境地者也比比皆是。过重的学业负担问题，在漫长的封建社会无人过问，唯有"万般皆下品，唯有读书高""头悬梁，锥刺股""凿壁偷光""积雪囊萤"等名句、典故，激励学子们勤学苦读。

（二）近代"减负"史

随着封建科举制度的废除，各类新式教育如雨后春笋在中国大地上萌芽发展起来，民主、自由、思辨等思想在民间传播开来，皇权教育的等级性和特权性已付诸东流，逐渐涌现出了大量的求学者，教育资源供不应求。因此，考试入学的竞争愈演愈烈，学生仍然处于学习高压状态。

直到 20 世纪初，国内才开始呼吁"减负"问题。1917 年 4 月 1 日，毛泽东在《新青年》上发表了《体育之研究》（见图 13-2）一文，在第二篇"体育在吾人之位置"中指出："吾国学制，课程密如牛毛，虽成年之人，顽强之身，犹莫能举，况未成年者乎？况弱者乎？观其意，教者若特设此繁重之课以困学生，蹂躏其身以戕贼其生，有不受者则罚之。"指出当下课程设置繁多，以至于增加学生课业负担，影响民众的身体健康。

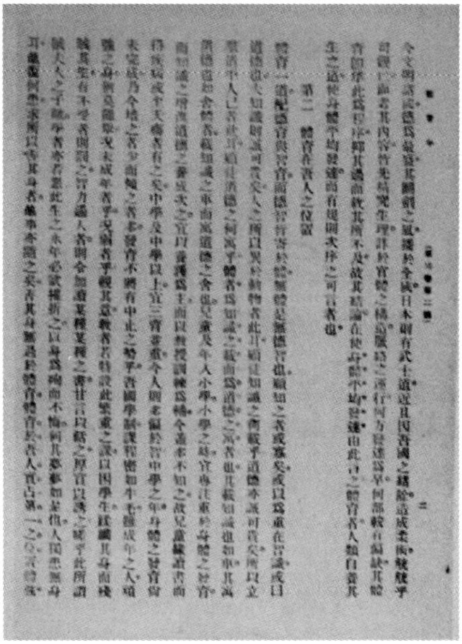

除了毛泽东，民国时期教育家陶行知先生也曾多次抨击当时繁重的课业负担。20世纪30年代初，教育部公布的《中小学毕业会考暂行规程》中规定，对所属各中小学应届毕业生进行毕业考试合格后进行会考，各科成绩及格者才予以毕业资格，获得资格后才能参加升学考试。如此，各校的考试名目日益增多，小考、月考、季考、期中考、期末考等各种考试铺天盖地，学生的负担日益沉重。陶行知先生在《生活教育》上发表了《杀人的会考与创造的考试》，文中将毕业考、会考和升学考对学生的扼杀比喻为对学生意义人生的扼杀，赶跑了中华民族的前途。之后，陶先生提出了"六大解放"：解放眼睛、解放双手、解放头脑、解放嘴、解放空间、解放时间。

图13-2 毛泽东的《体育之研究》

我们看到了众多教育家和伟人在"减负"的道路上，不断地大声疾呼，但是，由于国情环境的诸多因素，"减负"的实行步履维艰。

（三）现代"减负"史

1949年之后，"减负"也迎来了新的景象。1955年7月，教育部颁布了《关于减轻中小学生过重负担的指示》，这也是1949年以来第一个"减负"文件的颁布，"减负"问题第一次被提升到国家层面来解决。

1964年2月，毛泽东在教育工作座谈会上，明确指出教育方法的改变势在必行。他一方面强调教学的课程繁多，需要精简，指出："我看课程可以砍掉一半，学生要有娱乐、游泳、打球、课外自由阅读的时间。"另一方面要求调整对学生的考核方式，他指出："现在的考试方法是用对付敌人的方法，实行突然袭击。题目出得很古怪，使学生难以捉摸，还是考八股文章的办法，这种做法摧残人才、摧残青年，我很不赞成，要完全改变。"他着重强调考核中学生对题目的创见性回答，没有自己的创见，即使题目全都答对了，也只能给个及格的成绩。否则，我们的学生就成了书呆子，我们就教出了一批批教条主义者。

自1949年以来，毛泽东在多次批示和给中共中央宣传部的信件中强调要减轻学生的负担。例如1950年6月和1951年1月，他先后两次亲笔写信给教育部长马叙伦，强调先有强健的身体，再谈学习问题。1953年6月30日，毛泽东在青年团第二次全国代表大会上，提出"三好"人才，即身体好、学习好、工作好，学习、娱乐、休息和睡眠都要充分兼顾。1964年3月10日，在北京铁路二中校长魏连生建议"减负"的信件上做了批示（即"三一〇批示"），予以赞同。1965年7月3日，以一篇题为《北京师范学院一个班学生生活过度紧张，健康状况下降》的材料为背景，又一次写信给中共中央宣传部部长陆定一，建议减轻学生负担（即"七三指示"）。"减负"问题稍有起色。

"文革"结束后，教育秩序得到了恢复，与之相伴的学业负担又一次加重。1977年国家恢复了高考，这是一种集选拔性、淘汰性和预期分配性为一体的综合性考试，为了能在有限的招生规模中争取更多的名额，各中学采取种种措施提高学生的应试能力，题海战术、各种课外培训、大量的作业练习纷至沓来。

1988年5月，国家教委出台了《关于减轻小学生课业负担过重问题的若干规定》，这也是改革开放以来可查阅到最早的关于"减负"的规定。其中做出了这样一些规定：严格计划组织教学；各科教学要严格按照教学大纲进行，不增加教学内容，额外提高教学要求；定量布置课外作业；控制考试次数；不得组织学生购买和使用其他各种名目的复习资料、练习册、习题集一类的材料；课表内的自习应由学生自己支配；保证各种集体教育活动的时间；保证学生课间、课后、节假日和寒暑假的休息时间；要控制各种竞赛次数；热情帮助后进学生。其中第三条对于作业量的要求，细化到了各年级的作业时间：一年级不留书面课外作业，二、三年级每天课外作业量不超过30分钟，四年级不超过45分钟，五、六年级不超过1小时。不布置机械重复和大量抄写的练习，更不得以做作业作为惩罚学生的手段。学校和班主任老师应负责控制和调节学生每日的课外作业总量。

之后,以该规定为基础,进行了多次修改调整。1993年3月,在《关于减轻义务教育阶段学生过重课业负担、全面提高教育质量的指示》中明确规定,初中各年级每天家庭作业不超过1.5小时。1994年6月《关于全面贯彻教育方针,减轻中小学生过重课业负担的意见》中规定,高中学生每日的作业量由各省制定,同时,规定了中小学生每日的睡眠时间,小学生9小时以上,初中生9小时,高中生8小时。2000年1月《关于在小学减轻学生过重负担的紧急通知》中,重申一、二年级不得布置书面作业;除语文、数学外,不得购买计划外教辅材料;不得组织其他课程考试;首次提出小学生学业评价取消百分制,改为等级制;禁止任何部门、团体违规举办小学生竞赛活动;同时要求在已经普及9年制义务教育地区坚决落实小学免试升初中的规定。2004年6月,教育部又一次提出了新形势下"减负"的"五坚持、五不准",在重申先前政策的基础上再次明确义务教育阶段公办学校一律实行免试就近入学,不准按照考试成绩排队。2010年《国家中长期教育改革和发展规划纲要(2010—2020年)》中提出,将从制度设计上解决中小学生"减负"问题,分别发挥政府、学校、家庭的作用,帮助中小学生减负,促进学生健康成长。

2013年,教育部颁布了《小学生减负十条规定》,强调了阳光入学、均衡编班、"零起点"教学等教育公平问题,同样要求小学不留书面家庭作业(这项规定没有限定年级范围),严禁违规补课。同时,对课程的考核进行了具体规定:一至三年级不举行任何形式的统一考试;从四年级开始,除语文、数学、外语每学期可举行一次全校统一考试外,不得安排其他任何统考。每门课每学期测试不超过两次。考试内容严禁超出课程标准。除此之外,还强调每天锻炼一小时,强化督察。

几番波折,足以证明"减负"问题已被国人所重视,政府所规定的一切"减负"措施都指向了公立的中小学教育。

三、为何越减越累

回顾"减负"历史,"减负"问题已经越来越细化,越来越严格,但是这条道路仍然曲折艰难。为什么我们的孩子会越减越累?

（一）知识与信息的增长

在中国古代文明中，人们之所以没有提出"减负"问题，其中一个重要的原因就在于当时的知识非常有限，局限于经学。由"五经"发展到"九经"乃至"十三经"，经学内容是科举考试的主要科目。而当今的教学是培养素质全面的人才，正如教育家苏霍姆林斯基所提倡的培养"全面和谐发展的人"，我们的学校分别从智育、体育、德育、美育和劳动教育几个方面培养具有高尚道德情操的全面发展的社会主义接班人。孩子们的课程有语文、数学自不必说，思想品德、生活与科技必不可少，另设有物理、化学、生物等理科课程，还有美术、音乐、体育、舞蹈、跆拳道等艺术课程，除此之外，每个学校还有自己的特色校本课程。

除了学科的增加，随着科技的高速发展，借助于互联网技术，每天在我们的世界里都会涌现出大量的信息，信息的增长速度令人恐怖。对于当前的学生来说，他们所要掌握的知识和信息会越来越多。包括我们的基础教材，每隔几年就会出现一定程度的知识压缩，这在一定程度上，迫使学生接受的知识越来越提前。

在信息社会，技术知识是人们新的社会财富，"知识价值论"逐渐代替原有的"劳动价值论"。同时，学习的时间观念也需要学生们与时俱进。信息社会的知识获取渠道已不再局限于课堂教学，还有更多的虚拟教学资源等待着学生的发现与学习。互联网上的虚拟课堂教学资源将学生的学习时间任意化，学习变成了主动的过程，学生是学习的主宰。人们不再注重当前的教育，而是更加关注未来的发展，逐渐形成了终身教育。

（二）政策与现实的脱离

"减负"是减掉学生的学习负担，但不是减掉所有的学习负担，而是减掉过重的、不合理的学习负担。教育部的专家们制定的"减负"相关规定，某些规定是否切合实际，还需要进一步证实。

例如：一年级不留书面课外作业，二、三年级每天课外作业量不超过30分钟，四年级不超过45分钟，五、六年级不超过1小时。

对于小学语文课程标准明确规定：

识字、写字部分：要求低年级认识常用汉字1 600个左右，其中800个左右会写；中年级累计认识常用汉字 2 500 个左右，其中 1 600 个左右会写，能理解在具体语言环境中的意思；高年级学生累计认识常用汉字 3 000 个左右，其中 2 500 个左右会写。

写话部分：要求低年级学生对于写话有兴趣，留心周围事物，写自己想说的话；中年级学生乐于书面表达，增强习作的自信心，观察周围世界，能不拘形式地写下自己的见闻、感受和想象，主要把自己觉得新奇有趣或印象最深刻、最受感动的内容写清楚，能用简短的书信、便条进行交流，课内习作每学年 16 次左右；高年级学生能写简单的纪实作文和想象作文，能写读书笔记、书信等，内容具体，感情真实，语句通顺，有一定条理，书写工整，注意不写错别字，会用常用的标点符号。习作要有一定的速度。课内习作每学年 16 次左右。

敢问这些识字写字要求，孩子们不练不写不留书面作业，如何巩固掌握？仅一个写话方面的练习，学生如何在规定的家庭作业时间内完成？

至于习作练习在课内时间完成，不妨算一笔账，正常的小学语文教学课时每学期是 120 个左右，以北师版小学四年级语文教材为例，教材安排的总课时数大约是 119 课时。可见，在完成基本教学任务的基础上，是不可能带领所有学生完成习作练习的。因此，学生就只能在课外完成相应的习作练习。

四年级总的作业时间不得超过 45 分钟，仅语文一个学科的课后习作将占去大量的时间，45 分钟对于大部分孩子来说完成一篇习作是相当紧张的，完成语文的课后习作，哪里还有时间去完成相应的数学和英语练习。

又如小学阶段的测验。教育部 2013 年颁布的《小学生减负十条规定》中，规定从四年级开始，除语文、数学、外语每学期可举行 1 次全校统一考试外，不得安排其他任何统考。每门课每学期测试不超过 2 次。但是，在每个学期的成绩登统时，又会要求语文、数学教师分别填写 5 次平时成绩，英语填写 4 次。如果没有测验，又何来平时成绩？

（三）教师的苦衷

作为教育的实践者，教师在"减负"问题上也是困难重重。没有一位老师愿意看到自己的学生被繁重的作业压得喘不过气来，更不愿意看到孩子们的身心健康受到损害。从政治层面看，教师应该执行国家的政策。但是，教师的工作面临的不只是学生,还有家长和领导管理层。这两个方面都要求教师给予学生一定的成绩,这使得教师在"减负"工作的实施过程中非常被动,很难有效地实施这一政策,因为完全有效地实施则将会以学生的成绩可能下降为前提。

用"减负"的博弈论来讲,就更清楚了。博弈论的背景是囚徒难题,是指同时犯了重罪的两名罪犯在面临警官调查时的三种情况。第一种:两人都保持沉默,那么两人的罪行没有证据,都会从轻处理;第二种:如果其中一个人揭发了另一个人,那么,揭发者无罪,被揭发者将被重罚;第三种:两人互相揭发,则双双被重罚。如果我们把这些情况的效用用数值来表示,那么4表示释放,3表示轻罚,2表示一般惩罚,1表示重罚。将此用到中小学生"减负"问题上,如果甲、乙两名学生,都遵守"减负"要求,则都产生利益或效用的最大化,即3+3;若甲、乙两名学生中有一名遵守"减负"要求,而另一名不遵守,那么不遵守"减负"要求的学生将会得到收益的最大化4,另一方则为1,即4+1;若两人都不遵守"减负"要求,那么两名学生将受到有限高等教育资源分配的伤害,身心受到严重的伤害,因此,两人的效用之和为2+2。上述三种情况,不难发现,只有第一种情况是的收益是最大的。但是,作为老师、家长,谁也不敢保证所有的孩子都遵守"减负"规则,那么,为了不让自己的学生或孩子成为最低效益的一方,无论如何也不会轻易地完全地有效实施"减负"政策。

(四)评价制度的不协调

应"减负"规定,北京市小学统一将孩子的测试成绩改为等级制,即:优秀、良好、达标、待达标。一个班的成绩放眼望去,基本上全是优秀,孩子们之间的差距无形中缩小了,甚至看不出同等分级学生与学生之间的差距。可如此一来,给中学的校长出了一道难题。中学不同于小学,它面临着中考、高考,学生的质量是中学校长不得不考虑的问题,它直接关系到本学校的升学率、上线率。在挑选六年级的毕业生时,学生的成绩都是优秀,从成绩上无法挑出出类拔萃的学生,因此,各中学设了自己学校的入学考试。以数学为例,程式化的小学数学知识考试同样无法挑选出"孺子可教"的学生,因此,各中学纷纷采用了奥数作为考试的内容,去选拔数学方面优秀的孩子。"奥数热"由此而来。

小到中考,大到高考,均以分值作为评价标准,进行人才的选拔。而小学的评价制度显然与孩子之后的学习生涯中的评价制度相悖,因此,导致表面上小学在实施"减负"政策,而家长们为了避免自己的孩子被淘汰,纷纷在校外报班学习各种技能,提高孩子的竞争力。

苏霍姆林斯基在分析学生课业负担过重的原因时,首先提出了对学生的评价。为了家长,为了提高在同龄人中的地位,学生们拼命学习,在课外给自己"充电",如此严重影响了学生的身心和谐发展。这恰恰反映出了我们的评价方式是不全面的,高考一考定终身,如此片面的评价、选拔方式不符合学生的身心发展规律,这是学生课业负担的首要原因。

四、中国教育的功绩

"减负"将我国的教育问题纷纷揭示出来,但是非功过之评不应盲人摸象,片面而论。1949年以来,教育在我国的高速发展过程中,着实扮演着重要角色。早在1980—2000年,我国的人力资本量(指15～64岁人口与平均受教育年数的乘积)已经翻了一番,占世界总人力资本存量的比例从17.5%增长到25%,是最具竞争优势的资源。表13-4是从1946—2010年全国15岁以上人口与文盲人口及比例。在这64年中,我国的文盲比例下降了97.99%。

表13-4　1946—2010年全国15岁以上人口与文盲人口及比例

年龄/岁	人口/人	文盲人口/人	文盲占相应人口比重/%
15～19	99 889 114	311 848	0.31
20～24	127 412 518	501 232	0.39
25～29	101 013 852	609 029	0.60
30～34	97 138 203	864 305	0.89
35～39	118 025 959	1 420 308	1.20
40～44	124 753 964	2 096 962	1.68
45～49	105 594 553	2 293 230	2.17
50～54	78 753 171	3 322 398	4.22

续表

年龄/岁	人口/人	文盲人口/人	文盲占相应人口比重/%
55～59	81 312 474	5 663 387	6.96
60～64	58 667 282	6 077 050	10.36
65～69	41 113 282	6 336 992	15.41

表 13-5 是 1975—1999 年，中国、印度、日本、俄罗斯、美国五大国总人力资本占世界的比重。从表中我们不难看出，中国的人口在这二十几年中缓慢增长，但是，平均受教育年数、总人力资本明显增长，平均受教育年限增长了62.33%，总人力资本增长了166.77%。

表 13-5　1975—1999 年五大国总人力资本占世界比重

年份	1975	1980	1985	1990	1995	1999
15～64 岁人口占世界人口比重/%						
中国	22.2	22.6	23.3	23.6	23.2	22.4
印度	14.9	15.2	15.4	15.7	15.9	16.2
日本	3.27	3.03	2.83	2.67	2.48	2.30
俄罗斯	3.93	3.65	3.35	3.09	2.81	2.69
美国	5.99	5.80	5.44	5.10	4.88	4.76
五国合计	50.3	50.3	50.3	50.1	49.2	48.4
平均受教育年数/年						
中国	4.38	4.61	4.94	5.51	6.08	7.11
印度	2.70	3.27	3.64	4.10	4.52	5.06
日本	7.78	8.51	8.74	8.96	9.23	9.47
俄罗斯	9.27	9.23	9.77	10.5	9.77	10.0
美国	9.69	11.9	11.6	11.7	11.9	12.11
世界	5.54	5.92	6.17	6.43	6.44	6.66
总人力资本/10 亿人年						
中国	2.25	2.70	3.35	4.17	4.95	6.00
印度	0.934	1.29	1.62	2.06	2.52	3.08

续表

年份	1975	1980	1985	1990	1995	1999
日本	0.59	0.67	0.72	0.77	0.804	0.819
俄罗斯	0.844	0.874	0.951	1.04	0.964	1.02
美国	1.35	1.79	1.83	1.92	2.04	2.16
世界	12.8	15.4	17.9	20.7	22.6	5.0

表13-6是1999—2013年中国各级各类学校招生人数。除去义务教育，普通高等学校、高中、职业中学、特殊教育学校在这之后的几年中，均有不同程度的增长（见图13-3）。

表13-6　1999—2013年中国各级各类学校招生数

万人

招生数 年份	普通高等学校	普通中学	高中	初中	职业中学	普通小学	特殊教育学校
2013	699.833 0		822.696 1			1 695.355 6	6.597 7
2012	688.833 6	2 415.400 0	844.607 1	1 570.770 0		1 714.664 0	6.569 9
2011	681.500 9	2 484.788 7	850.779 9	1 634.008 8	247.147 0	1 736.798 0	6.408 6
2010	661.755 1	2 551.728 9	836.235 9	1 715.493 0	279.763 2	1 691.700 7	6.486 9
2009	639.493 2	2 616.729 6	830.338 4	1 786.391 2	315.234 6	1 637.797 8	6.401 8
2008	607.661 2	2 693.172 6	837.006 3	1 856.166 3	294.087 2	1 695.715 6	6.240 9
2007	565.919 4	2 703.914 3	840.164 4	1 863.749 9	306.929 8	1 736.067 2	6.342 4
2006	546.053 0	2 794.800 0	871.208 0	1 923.600 0	294.000 0	1 729.357 2	4.983 8
2005	504.458 1	2 854.256 3	877.731 7	1 976.524 6	259.269 7	1 671.744 0	4.928 8
2004	447.300 0	2 899.700 0	821.509 6	2 078.200 0	229.100 0	1 747.000 0	5.100 0
2003	382.200 0	2 947.400 0	752.100 0	2 195.300 0	222.100 0	1 829.400 0	4.900 0
2002	320.500 0	2 929.000 0	676.700 0	2 252.300 0	216.880 0	1 952.800 0	5.290 0
2001	268.280 0	2 815.860 0	557.980 0	2 257.880 0	185.020 0	1 944.210 0	5.600 0
2000	220.610 0	2 735.990 0	472.690 0	2 263.300 0	182.700 0	1 946.500 0	5.300 0
1999	154.855 4	2 546.000 0	396.300 0	2 149.700 0	194.100 0	2 029.500 0	5.000 0

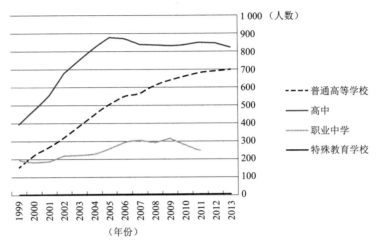

图 13-3　1999—2013 年中国普通高等学校、高中、职业中学、特殊教育学校招生数

由此可见，中国已经从世界人口大国成为人力资本大国，是中国成为世界经济强国最具优势和最重要的战略资产，这与我国的教育是分不开的。未来的竞争是人力资源的竞争，中国十几亿人将继续创造令世人瞩目的发展奇迹。为我们的教育喝彩，为我们的成绩骄傲。

讨论题

某些地区编写地方课程给中小学生"减负"，联想义务教育，您的观点是什么？

推荐阅读

[1] 文雪,扈中平. 从博弈论的角度看"教育减负"[J]. 中国教育学刊, 2007(1):22-24.

[2] 郑爽. 减负该从哪里做起[J]. 教育科学研究, 2011(5):44-47.

[3] 程斯辉. 任重道远:减负的历史回顾与反思[J]. 湖北大学学报(哲学社

会科学版),2000(3):3-6.

[4] 肖绍清.教育政策实施的障碍种种[J].教育发展研究,2000(12):27-28.

[5] 续润华,陈春梅.苏霍姆林斯基论减轻学生的课业负担[J].外国教育研究,2002(1):30-33+12.

[6] 朱镜德,朱晓青.中小学学生减负与"囚徒困境博弈"论[J].教育科学,2002(4):11-13.

[7] 强晓玲.学校岂能义务教育"快乐",课外班里挣钱[N].新华每日电讯,2010-09-03(13).

[8] 胡鞍钢.从人口大国到人力资本大国:1980—2000年[J].中国人口科学,2002(5).

案例十四 教师、学生，谁是弱势群体？[①]

案例正文

摘要：儿童是未成年人，是无行为能力人，不承担法律责任，其民事活动由其法定代理人，也就是法定监护人代理。那么当教师面对儿童时，面对的不仅是一个儿童，同时还面对着他的法定监护人。媒体更多报道的是教师如何体罚学生，如何虐待学生，很少报道教师如何受到不公平的待遇，受到学生、家长的殴打和辱骂。教师和学生谁是弱势群体呢？

关键词：教师；弱势群体；教师权益；法律保护

2009年9月17日，孩子们刚刚开学，教师应该站在教室里和孩子们一起学习，但吉林市第一实验小学东校区的秦老师，却躺在吉林市中心医院妇科病床上，承受着失去腹中近两个月的孩子的痛苦。看着秦老师，不禁让人想起一个词：哀莫大于心死。

---

① 张道璐参与本案例编写。

家长冲进教室打老师

秦老师37岁，是吉林市第一实验小学东校区三年级某班班主任、数学老师，班中50个孩子她已经带了3年。9月16日8时10分，秦老师刚刚上课不久，教室门突然被人推开，一个人冲到她跟前，打了她一个嘴巴子，接着是拳打脚踢，学生们制止无效，此人又拿起花盆砸在秦老师身上，随后将秦老师的头往讲台上撞，向秦老师的肚子狠踢数脚。打完之后，她在教室里打了个电话："我把秦老师撂倒了，你们来接我吧！"此人正是秦老师班里的赵某同学的母亲王某，她借着到学校给孩子办转学，冲进教室实施了上述暴行。

秦老师痛失腹中胎儿

学校报警后，校长室里的秦老师腹部一阵剧痛，被送到了医院。医院先做了保胎治疗。17日验血时，秦老师开始大量出血，浸透了床单和裤子。医生给秦老师打了保胎针，血暂时止住了。但是，到了中午，秦老师的肚子又一次剧痛难忍，排出大量血块，这一次，秦老师没有那么幸运，孩子没有了。好不容易盼了10多年的孩子，最终难逃厄运，秦老师伤心欲绝。

事起一次对学生的批评

赵某同学一年级第一次考试时，成绩80多分，老师和家长沟通后，没有得到家长的支持与配合，家长反而觉得孩子成绩很好，本以为会不及格呢。孩子的成绩一路下滑。该校每年期末都要评三好班、模范班、标兵班，三好班是和班级的平均成绩挂钩的。毫无疑问，秦老师的班落选了。于是在班里，秦老师的一句批评——"赵××，下学期你得努力了，这次要不是你成绩差，咱们就是三好班了"，为自己引来了之后的祸端。

事后多方的处理

全班学生目睹了殴打老师的全过程，受到了不同程度的惊吓，陆续有学生请假不上课了。学校为孩子们请了心理老师和专家，对反应突出的11名孩子进行了数小时的心理辅导。孩子们渐渐走出阴影复课。接警的心地好派出所表示，案件正在处理，不便多说。秦老师的丈夫从办案民警处得知，警方多次去王某家，一直没有见到她，之后下发了拘留和罚款通知单，没有其他措施和进展。

个例？通例？

这个案例也许人们会说是个例，我们不妨到网络上用百度搜一搜殴打教师的相关事件：吉林小学女教师教室里遭5名家长殴打；孩子不写作业反说老师打人，家长掌掴老师；女教师批评学生遭家长率众打死；云南江川县一中资深教师被学生家长殴打；都昌一教师被学生殴打重伤住院……大量殴打教师的案例涌现在人们眼前。

我们都知道学生是弱势群体，为保护儿童的合法权益，我国在宪法以及刑法、民法通则、婚姻法、教育法、义务教育法、残疾人保障法、未成年人保护法、妇女权益保障法、母婴保健法、传染病防治法和收养法等一系列法律中，都有关于儿童生存、保护和发展的条款，以及大量相应的法规和政策措施，形成了较为完善的保护儿童权益的法律体系。

儿童是未成年人，是无行为能力人，不承担相应的法律责任，其民事活动由其法定代理人，也就是法定监护人代理。当教师面对儿童时，面对的不仅是儿童一个人，同时还在面对他的法定监护人。媒体更多报道的是教师如何体罚学生，如何虐待学生，很少报道教师如何受到不公平的待遇，受到学生、家长的殴打和辱骂。对于教师，仅有《中华人民共和国教师法》一部专门保护教师权益的法律。如此看来，教师是否算得上弱势群体呢？

什么是弱势群体？

弱势群体（social vulnerable groups）是社会弱势者全体的简称。

社会上对于弱势群体的定义众说不一，从社会工作的角度看，弱势群体是指在遇到社会问题的冲击时自身缺乏应变能力而容易遭受挫折的群体；从经济的角度看，弱势群体是指由于各种内外因素在生产和生活上有困难的群体；从政治和法律的角度看，弱势群体是指在经济、文化、体能、智能、处境等方面处于相对不利地位的社会群体。

综合以上各种定义，我们可以将弱势群体分为自然性的弱势群体和社会性的弱势群体。自然性的弱势群体可分为两个层次，一个层次是指生态脆弱地区的人口，如受灾民众；另一层次是指生理方面的弱势群体，如我们常常提到的老、幼、病、残、孕等。社会性的弱势群体是指社会性或体制性的原因所导致的弱势群体。这一群体是社会利益和社会权利在社会发展过程中分配不公的产物，他们没有或者较少分享到社会转型的利益，同时还承担着社会转型带来的成本。

中小学教师地位的演变

在中国的历史上，中小学教师的地位可以说是跌宕起伏。先秦时期，教师的地位处于中国历史上的最高峰，其原因是社会和教育的阶级性以及当时的经济发展水平导致唯有权势之人才能享受教育，那时是"学在官府""以吏为师"，所以教师的地位是极为尊贵的。

随着社会经济水平的提高，教育不断发展，教育的阶级性逐渐被打破，"学在官府"在百家争鸣的私学鼎盛时期逐渐消亡。掌握文化的人逐渐沦落到了社会下层，成了教师。到了元朝，人们把社会人分为十等：一官、二吏、三僧、四道、五医、六工、七猎、八民、九儒、十丐。教师的地位被降到了社会的最底层。

从1978—1992年全国各行业职工平均工资排位表可以看出，1978年和1979年，教育行业工资水平处在全国十二个行业的倒数第二位。进入20世纪80年代后，国家开始重视教育问题，教育行业的工资水平有所提高，工资相对水平排位在1985年达到最高——第五位，但进入90年代，又一次降到了倒数第三位。

如表14-1、图14-1所示，国家虽然越来越重视提高教师的地位和待遇，但在21世纪初期，教师的工资水平仍然处于社会中层，并且有低于城镇就业人员平均工资水平的趋势，可见教师的社会地位仍然处于社会的中下层。

教师的"法律保障"

1994年1月1日，每一名教师都应该记得这一天，《中华人民共和国教师法》

表 14-1　2003—2013 年全国城镇各行业人员平均工资　　　　　　　　　　　　　　元

人员年平均工资 行业	2003	2004	2005	2006	2007	2008	2009	2010	2011	2012	2013
城镇单位	13 969	15 920	18 200	20 856	10 847	28 898	32 244	36 539	41 799	46 769	51 483
农、林、牧、渔业城镇单位	6 884	7 497	8 207	9 269	10 847	12 560	14 356	16 717	19 469	22 687	25 820
采矿业城镇单位	13 627	16 774	20 449	24 125	28 185	34 233	38 038	44 196	52 230	56 946	60 138
制造业城镇单位	12 671	14 251	15 934	18 225	21 144	24 404	26 810	30 916	36 665	41 650	46 431
电力、燃气及水的生产和供应业城镇单位	18 574	21 543	24 750	28 424	33 470	38 515	41 869	47 309	52 723	58 202	67 085
建筑业城镇单位	11 328	12 578	14 112	16 164	18 482	21 223	24 161	27 529	32 103	36 483	42 072
交通运输、仓储和邮政业城镇单位	15 753	18 071	20 911	24 111	27 903	32 041	35 315	40 466	47 078	53 391	57 993
信息传输、计算机服务和软件业城镇单位	30 897	33 449	38 799	43 435	47 700	54 906	58 154	64 436	70 918	80 510	90 915
批发和零售业城镇单位	10 894	13 012	15 256	17 796	21 074	25 818	29 139	33 635	40 654	46 340	50 308
住宿和餐饮业城镇单位	11 198	12 618	13 876	15 236	17 046	19 321	20 860	23 382	27 486	31 267	34 044
金融业城镇单位	20 780	24 299	29 229	35 495	44 011	53 897	60 398	70 146	81 109	89 743	99 653
房地产业城镇单位	17 085	18 467	20 253	22 238	26 085	30 118	32 242	35 870	42 837	46 764	51 048

续表

人员年平均工资 行业 \ 年份	2013	2012	2011	2010	2009	2008	2007	2006	2005	2004	2003
租赁和商务服务业城镇单位	62 538	53 162	46 976	39 566	35 494	32 915	27 807	24 510	21 233	18 723	17 020
科学研究、技术服务和地质勘察业城镇单位	76 602	69 254	64 252	56 376	50 143	45 512	38 432	31 644	27 155	23 351	20 442
水利、环境和公共设施管理业城镇单位	36 123	32 343	28 868	25 544	23 159	21 103	18 383	15 630	14 322	12 884	11 774
居民服务和其他服务业城镇单位	38 429	35 135	33 169	28 206	25 172	22 858	20 370	18 030	15 747	13 680	12 665
教育城镇单位	51 950	47 734	43 194	38 968	34 543	29 831	25 908	20 918	18 259	16 085	14 189
卫生、社会保障和社会福利业城镇单位	57 979	52 564	46 206	40 232	35 662	32 185	27 892	23 590	20 808	18 386	16 185
文化、体育和娱乐业城镇单位	59 336	53 558	47 878	41 428	37 755	34 158	30 430	25 847	22 670	20 522	17 098
公共管理和社会组织城镇单位	49 259	46 074	42 062	38 242	35 326	32 296	27 731	22 546	20 234	17 372	15 355

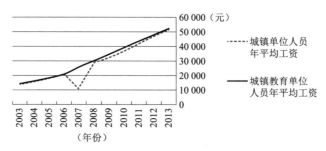

图 14-1 2003—2013 年全国城镇单位就业人员平均工资和城镇教育单位人员平均工资对比

在这一天整时施行,它标志着我国保护教师权益走上了法制化的道路,使得提高教师地位有了法律保障。

但是,很少有教师去认真研读这部法律。里面规定了教师应尽的责任和义务,诸如教师应当遵守宪法、法律和职业道德,为人师表;贯彻国家的教育方针,遵守规章制度,执行学校的教学计划,履行教师聘约,完成教育教学工作任务;关心、爱护全体学生,尊重学生人格,促进学生在品德、智力、体质等方面全面发展,等等。

对于保护教师的安全权益体现在第八章第三十五条:侮辱、殴打教师的,根据不同情况,分别给予行政处分或者行政处罚;造成损害的,责令赔偿损失;情节严重,构成犯罪的,依法追究刑事责任。

对于教师待遇问题,也有相关规定,如第六章第二十五条:教师的平均工资水平应当不低于或者高于国家公务员的平均工资水平,并逐步提高。建立正常晋级增薪制度,具体办法由国务院规定。

从文字上看,教师法确实保障了教师的合法权益,但是,为什么还会出现诸多严重问题呢?教师法是不是还不够完善呢?

【教师公休问题】

首先,教师法忽略了教师的工作时间和休假权问题。众所周知,北京市中小学生进校的时间是早晨 7:40,8:00 开始上第一节课,那么教师就要在学生进校之前上班到岗,一般是 7:00 左右学校食堂开饭,班主任 7:30 之前进班到岗。对于小学教师的要求是全员坐班,也就是说,无论教师一天上几节课,都要统一下班，不准提前离开工作岗位。最初，学生下午上完两节课后有一节40分钟的自习课，老师们带着学生做一做作业和练习。施行"减负"政策后，这节自习课取消了，学生3:15放学，这引起了众多家长的不满，因为这个时间，大多数家长都在上班，没有人接孩子。因此，又出台了一项"减负"政策，每周增加"课后一小时"不得少于3次，同时，每天的课间操要保证一个小时的活动。国家给课后一小时拨款，每个学生一年200元。这200元需用于以下工作：聘请校外专业人员为学生讲授艺术、科学知识，为学生准备所需用具，若学校有"金帆"等艺术社团，学生参加社团产生的费用，也从这200元中支出。明文规定，这笔费用不得分配给教师。小学教师基本都是下午5:00左右才能下班。这样算下来，教师一天的平均工作时长远远超过国家规定的8个小时。

除此之外，教师还要利用课余时间备课、批改学生的作业，完成学校分配的各项业务工作。若是班主任，晚上接上几个家长的电话，几个小时又出去了。人人都羡慕教师有寒暑假，殊不知在这个"长假"里面，教师要完成的工作量也是不小的：写各种课题研究论文、教学反思、读后感等，还要备下一个学期的课程，完成教案设计，参加各种培训……真是忙忙碌碌一个"长假"。

《中华人民共和国劳动法》第二条规定：中华人民共和国境内的企业、个体经济组织和与之形成劳动关系的劳动者，适用本法。国家机关、事业组织、社会团体和与之建立劳动合同关系的劳动者，依照本法执行。

但是，又有一条法律原则：特别法优于普通法。教师是劳动者中的特殊群体，教师法是特别法，所以，教师的权益只能适用教师法来保护，不可用劳动法来调整，而教师法中对于教师的工作时间和休假问题却没有涉及。

【教师待遇问题】

其次，是教师的待遇问题。我们暂且将待遇问题分为经济待遇和社会待遇两方面。经济待遇是指教师的工资报酬和物质利益水平。确定教师的经济待遇主要是根据教师职业的劳动形式。马克思把人类的劳动分为简单劳动和复杂劳动。教师在从业前必须经过专门的培养和训练，具备一定的专业知识和技能，在从业过程中，仍然需要经过各种在职培训，调整充实自己，提高自己的专业知识和专业技能水平，以适应职业本身的各种新要求。毫无疑问，教师的劳动属于复杂劳动。

但是教师的工资待遇却处于社会职业工资水平的中下层次。图 14-2 中所显示的是不同国家和地区教师年收入。从图中可以看到墨西哥的教师工资是最低的，之后就是中国内地的教师，排在倒数第二。

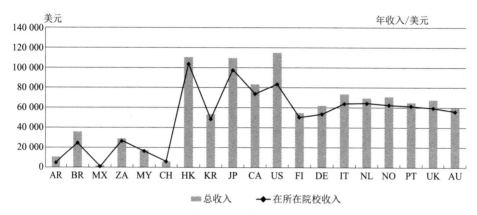

图 14-2　不同国家和地区教师工资年收入情况

注：AR—阿根廷；BR—巴西；MX—墨西哥；ZA—南非；MY—马来西亚；CH—中国；HK—香港（中国）；KR—韩国；JP—日本；CA—加拿大；US—美国；FI—芬兰；DE—德国；IT—意大利；NL—新西兰；NO—挪威；PT—葡萄牙；UK—英国；AU—澳大利亚

伴着禁止中小学教师从事有偿家教的规定出台，舆论对教师队伍中某些不良现象的批评也显强烈，使得教师的声誉愈发下降。在人们眼中，教师是"圣人"，是人类灵魂的工程师，是燃烧自己照亮别人的"蜡烛"，他们不食人间烟火才好！人们以超越人性和伦理的要求来要求教师牺牲自我，却很少考虑如何维护教师的合法权益。

我们国家实行"免费师范生"政策。此政策吸引了很多优秀学生报考师范院校，也在一定程度上改变了"一流学生学理，二流学生读文，三流学生上师范"的社会畸形现象。但是，这些踊跃报名上师范院校的优秀学生，大部分家庭比较贫困，读书可以"免费"，而毕业后的工作收入不高却是他们面临的一大难题。而在社会待遇方面，对于侵犯教师合法权益没有构成犯罪的行为，有关法律规定的处罚措施偏轻，难以起到应有的震慑和警示作用，受到侵犯的教师难以得到相应的经济赔偿。

【教师申诉制度问题】

教师维护自己的合法权益需要通过法律途径，但是，如果是教育行政主管部门侵犯了教师的合法权益,按照法律规定,教师再向该部门申诉维权,其结果可想而知。教育行政主管部门既当运动员又当裁判员,如何做出公正的处理?那么当教师的利益受到侵犯时,该向何处"伸冤"?

在反思中审视教育理念,在实践中提高自我素养,在互动中搭建沟通平台,在决策中巧用教育机智。在社会为教师做出改变之前,先改变教师自己,唯有如此,才能有效地保护自己。

讨论题

1. 谁"偷"走了教师的温柔?
2. 师生关系紧张,问题到底出在哪里?

推荐阅读

[1] 李林. 法治社会与弱势群体的人权保障[J]. 前线,2001(5).

[2] 王思斌. 社会转型中的弱势群体[J]. 中国党政干部论坛,2002(3).

[3] 刘军."教师法"对教师权益的保护及其存在的问题[J]. 北京教育学院学报(社会科学版),2006(2).

[4] 黄淑华,陈幼华. 教师社会地位对师资队伍建设的影响[J]. 江西社会科学,2000(5).

[5] 李昌麒. 弱势群体保护法律问题研究——基于经济法与社会法的考察视角[J]. 中国法学,2004(2).

[6] 刘朝明. 中小学教师社会地位变迁及其原因探析[D]. 长沙:中南大学,2013.